La inmensa v[...]
populares del C[...]
recuerda a las ra[...]
que crece en la f[...]stera de las
regiones tropicales del Nuevo Mundo.
Todas las ramas brotan de una raíz
y un tronco común, pero cada una
de las ramas desarrolla también otras
propias y crece de forma
independiente, aunque permanece
unida al tronco. Algunas ramas se
vuelven tan frondosas como el tronco
principal, pero como siempre están
enlazadas a las otras ramas, éstas
intercambian con aquéllas
la savia nutritiva.
Todas las ramas reciben el flujo
vivificante de las raíces centrales,
a veces fertilizadas por nuevas
aportaciones.

Billy Bergman,
Hot Sauces - Latin and Caribbean Pop,
Quill, Nueva York, 1985

«À L'ÉCOLE DE SAMBA,
tous les instruments
rythmiques jouaient
et les gens dansaient.
Il n'y avait que de la
danse et du rythme,
pas d'instruments
mélodiques. Les
rythmes eux-mêmes
constituent des
mélodies. Ils vous
rendent fou.»

DIZZY DILLESPIE
TO BE OR NOT TO BOP

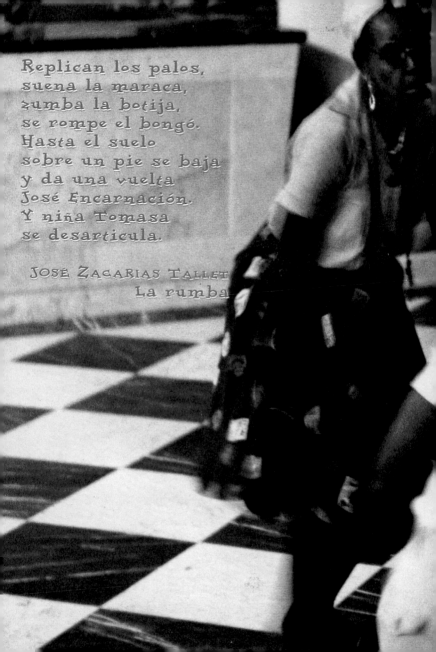

Replican los palos,
suena la maraca,
zumba la botija,
se rompe el bongó.
Hasta el suelo
sobre un pie se baja
y da una vuelta
José Encarnación.
Y niña Tomasa
se desarticula.

JOSÉ ZACARIAS TALLET
La rumba

Un bolero en la noche
canta mi corazón,
un bolero en la noche
fiel expresión
de las angustias
de mi pasión.

FEDERICO VILLOCH
El bolero

Salsa somos salseros
Reconocidos en
el mundo entero.

MACHITO
Soy salsero

Them belly full but we hungry
A hungry mob is a angry mob
A rain a-fall but the dirt is though;
A pot a-cook, but the food no'nough.
You're gonna dance to Jah music, dance,
We're gonna dance to Jah music, dance.

BOB MARLEY
Them belly Full

Título original: *La musique sud-américaine. Rythmes et danses d'un continent*

Traducción: Isabel Romero

Dirección: Pierre Marchand y Elisabeth de Farcy
Dirección de la redacción: Paule du Bouchet
Edición: Sébastien Deleau et Béatrice Peyret-Vignals.

1.ª edición: octubre, 1997

© 1997, Gallimard
© 1997, Ediciones B, S. A.
en español para todo el mundo
Bailén, 84 - 08009 Barcelona (España)

Impreso en Italia - Printed in Italy
Impreso por Libraria Editoriale, Trieste, Italia
ISBN: 84-406-7705-7

LA MÚSICA LATINOAMERICANA
RITMOS Y DANZAS DE UN CONTINENTE

Isabelle Leymarie

Ediciones b
GRUPO ZETA

Barcelona • Bogotá • Buenos Aires • Caracas • Madrid • México D. F.
Montevideo • Quito • Santiago de Chile

Desde los tiempos de la conquista, la música de América latina y del Caribe ha ido perfilándose a través de préstamos, sustratos o reinterpretaciones. En un sutil equilibrio de alquimias, las aportaciones a veces antagónicas de Europa, de África y de las civilizaciones precolombinas, el Nuevo Continente ha gestado un florilegio sorprendente.

CAPÍTULO PRIMERO
EL NACIMIENTO DE LAS MÚSICAS LATINAS

■ *En el siglo XVIII, en Santo Domingo, los esclavos inventan el erótico* chica *(página de la izquierda), una danza que conquista las demás islas del Caribe y que la iconografía europea de entonces representa como un baile cortés acompasado. En Brasil, donde la influencia bantú es muy notable, se conservan aún instrumentos de origen africano como la marimba portátil, en la ilustración.*

LOS ORÍGENES

Como recuerda la divisa de Bolívar, «Humanidad en un microcosmos», América latina y las islas del Caribe se han visto continuamente importunadas por envites imperialistas e innumerables cambios de gobierno.

Desde los inicios de la colonización, los cantos y las danzas indios y negros son reprimidos, sobre todo por el clero. En un intento por evangelizar a indígenas y esclavos, los franciscanos y los jesuitas abren escuelas donde les enseñan sus himnos cristianos. El cristianismo en contacto con algunos cultos precolombinos y africanos que, no obstante, tratan de sustraerse al influjo extranjero, da origen a las religiones sincréticas.

Desde el comienzo de la conquista se esboza un proceso de «criollización» que propicia la aparición de géneros musicales propiamente americanos, y no amerindios, africanos ni europeos.

Contradanzas, cuadrillas, polcas y seguidillas, aunque también óperas, cánticos cristianos, marchas militares o canciones marineras se fusionan con los ritmos y danzas negras, incas o aimaras.

Luchadores acrobáticos, que bailan al compás de cantos e instrumentos de origen africano, contribuyen al nacimiento de la *capoeira* de Bahía, la *laghia* de Martinica, y la *kalinda* de Trinidad. Así, los ritos bantús de fecundidad se metamorfosean en samba en Brasil, *guaguancó* en Cuba, y candombe en Argentina y Uruguay.

■ *En Perú (abajo), los esclavos se concentraban en las plantaciones costeras. En la marinera peruana, así como en la rumba brava cubana, el pañuelo, que representa un papel simbólico, pasa a ser un elemento de seducción.*

En todas partes aparecen danzas con ingredientes mestizos: la marinera en Perú, la chacarera en Argentina, el pasillo en Ecuador, el bambuco en Colombia, el joropo en Venezuela o el tamborito en Panamá; la lista es interminable. La música y la danza son elementos indisolubles en zonas con una importante población de raza negra, e incluso en países como Argentina, donde los negros dejaron igualmente su impronta, aunque en la actualidad hayan desaparecido. El tango, la samba, el mambo, el calipso o el *reggae* son a la vez danzas y géneros musicales destinados únicamente a deleitar el oído.

■ *La música y la danza —formas de expresión por excelencia en todas las sociedades negras— desempeñaron un papel esencial para los esclavos de América del Sur. Se convirtieron en un exutorio contra su sufrimiento y en un medio de reafirmar su identidad. «Cuando los amos no les permiten bailar en sus viviendas —escribía el cura dominico Labat en el siglo XVIII—, después de trabajar en las plantaciones de caña de azúcar andarán tres o cuatro leguas los sábados a medianoche para encontrarse allí donde se celebre un baile.»*

EN ARGENTINA: PAYADA, CANDOMBE Y MILONGA

A finales del siglo XIX, inmigrantes, campesinos y soldados se hacinan en los sórdidos suburbios de Buenos Aires. En este universo glauco, el gaucho, héroe de la Pampa, deja paso al compadre, proxeneta engominado que disimula el aguijón de la miseria y el terror del abandono con su porte fanfarrón. Y en esa embriaguez del tango, mientras aprieta contra él a su mina (mujer), se toma la revancha frente a su amargo destino.

El tango, la quintaesencia del alma porteña (de Buenos Aires) emerge entre esta fauna apócrifa, en pleno corazón del arrabal. El tango propiamente dicho, más europeo, surge de la payada hacia 1870, género de canciones que los gauchos acompañaban con la guitarra. Absorbe elementos del candombe —antiguo ritual de los esclavos argentinos y uruguayos— y de la milonga, los cantos negros de carnaval parodiados por los blancos e integrada posteriormente en el repertorio de los payadores. Convertida en una danza plebeya y descarada, la milonga se acopla al tango, y genera el tango-milonga, con grandes dosis de ritmo. La línea del bajo —sincopada— del tango proviene de la habanera, introducida en Cuba por los marineros hacia 1850

■ *Tras su dura labor, los gauchos de la Pampa se reunían para tocar. Aquí abajo podemos apreciar un arpa, instrumento introducido en América latina en el siglo XVII por los misioneros católicos, y una guitarra. El mulato Gabino Ezeiza fue uno de los más célebres payadores (cantantes que se acompañan con la guitarra) de las postrimerías del siglo XIX. En Buenos Aires, otros mulatos conocidos como maestritos de piano daban lecciones de música a las jóvenes de la buena sociedad.*

y luego interpretada en Argentina con el nombre de tango. Hacia 1895, su coreografía empieza a estilizarse con la ayuda de ciertas figuras características. Contrariamente al candombe —de ritmo alegre— donde hombres y mujeres se miran a la cara, el tango, trémulo y tenso, se baila mejilla contra mejilla, aunque sin embargo conserva dos figuras del candombe: el corte (parada súbita) y la quebrada (torsión del busto).

EL TANGO SALE DEL LIMBO

En 1866, un periódico argentino emplea por vez primera el término tango para designar la canción *La coqueta*. De 1900 a 1915, el tango cantado en lunfardo (jerga trufada de palabras italianas y francesas) se oye en burdeles y bares. El tango de la época, canalla y vulgar, sujeto aún a un ritmo binario y con textos a menudo improvisados, es desdeñado por la elite argentina. Hacia 1910, en el barrio de Palermo aparecen tríos de tango formados por clarinete (o flauta), violín y guitarra (o arpa), y posteriormente, en la pintoresca zona de La Boca, cuartetos con bandoneón que tocan en las tabernas de los marineros.

■ *En el pasado, cada región de Argentina poseía sus propias danzas tradicionales (arriba).*

El bandoneón sustituirá paulatinamente a la flauta y se convertirá en el instrumento esencial del tango. Su dificultosa técnica confiere a esta música una densidad nueva; asimismo, la interpretación del fraseado y su quejido lancinante ejercen una influencia decisiva sobre algunos cantantes. Numerosos bandoneonistas destacan en los años veinte: Juan Maglio *(Pacho)*, Eduardo Arolas, Vicente Greco, Osvaldo Fresedo y Pedro Maffia.

En la época de los cuartetos de La Boca, el tango, que también se interpreta con el órgano de Barbaria, penetra en el centro de Buenos Aires y el auge del fonógrafo acelera su implantación en la capital. Locales como el Hansen, el Armenonville o el Royal Pigall contratan grupos de tango. El Armenonville se inaugura con la Orquesta típica criolla de Vicente Greco.

EL TANGO CONQUISTA EL MUNDO

Hacia 1905, Europa y Estados Unidos descubren el tango con *El choclo* y *La morocha*, dos títulos míticos de la música argentina. De 1907 a 1914, el violinista argentino Alfredo Gobbi graba tangos en Filadelfia, Londres y París. Hacia 1912, el tango causa sensación en la capital francesa, y una clientela entusiasta afluye a los espectáculos del Moulin Rouge —donde los músicos se presentan con trajes de gauchos—, así como a los bailes, a los concursos de tangos o a los salones de té-tango de la ciudad; y la cantante Mistinguett también interpreta tangos. No obstante, la Iglesia católica no ve con buenos ojos este baile «lascivo». El tango conquista Alemania y toda América latina. Los bailarines Vernon e Irene Castle lo popularizan en Estados Unidos en 1913.

Desde 1916 a 1928, Argentina se ve favorecida por un ambiente liberal y una economía floreciente. Numerosos cines, teatros y cabarets se abren en

■ *Compositor, pianista y virtuoso director de orquesta, Roberto Firpo (arriba) es uno de los grandes nombres del tango de los años treinta. El que fuera antiguo director musical del Armenonville, en Buenos Aires, popularizó varias obras, entre ellas La cumparsita.*

■ *Poco antes de la Primera Guerra Mundial, Vernon Castle (nacido en Blythe), de origen inglés, acompañado de su esposa y partenaire norteamericana Irene (página siguiente) introducen el tango de París en Estados Unidos, con un éxito fulgurante.*

Buenos Aires, entonces en plena urbanización. Su triunfo en el extranjero propicia que la burguesía porteña se reconcilie con el tango y se olvide del origen proletario de la mayoría de sus intérpretes y creadores. La llegada del jazz y de los bailes anglosajones a Argentina contribuye igualmente a recuperar esta música.

El tango se da a conocer y se refina. El compositor Enrique Delfino lo transcribe a las partituras, Vicente Greco convierte en un estándar la Orquesta criolla, formada por violín, flauta, guitarra (o piano) y bandoneón; y el violinista Julio de Caro impone el sexteto (llamado también orquesta típica), integrado por dos violines, dos bandoneones, un piano y un contrabajo. De Caro transforma el tango en una música de vocación artística, con un juego lírico y sabios arreglos. En estos años, el tango adquiere un movimiento de cuatro tiempos, aunque conserva los ritmos del candombe y la milonga, y su coreografía gana en complejidad.

«PENSAMIENTO TRISTE»

El tango, «pensamiento triste que se baila», según la famosa máxima del poeta Enrique Santos Discépolo, se deleita en la soledad, el desespero, la muerte, el paso del tiempo, la inconstancia de la mujer y el sentido absurdo de la vida, con un esteticismo melodramático. Es la voz de los arrabales, de los pobres desposeídos por los ricos, como en el efusivo *Flor de fango* de Pascual Contursi o *Pan* de Celedonio Flores, el poeta del lunfardo. Contursi evoca también el amor desdichado (*Mi noche triste*), fatalista y desengañado, Discépolo (apodado *Discepolín*), el letrista de Carlos Gardel, se lamenta de la indiferencia del mundo (*Qué vachaché, Yira yira, Confesión*); en los años treinta, Enrique Cadícamo critica la decadencia de las muchachas de la noche y, en la década siguiente, Homero Manzi, Aníbal Troilo y Osvaldo Pugliese rememoran el pasado perdido para siempre (*Barrio de tango, Recuerdo*).

A partir de los años veinte, algunos cantantes empiezan a tener éxito, pero sólo Carlos Gardel alcanzará el aura del mito. A los ojos de los argentinos, simboliza el triunfo del niño del arrabal que llega a la cima de su profesión. El 24 de junio de 1935, cuando muere en un accidente de avión en Colombia, un millón de personas asisten a su entierro y Argentina, desconsolada, no cesará de rendirle culto.

■ *Aníbal Troilo (apodado el Gordo) fue uno de los bandoneonistas más inspirados del tango. Aquí abajo lo vemos posando para la fotografía, junto a otros tres grandes de la música argentina: arriba (el segundo partiendo de la izquierda), el cantante uruguayo José Razzano, con quien Gardel había formado dúo, a la derecha el poeta y letrista Enrique Santos Discépolo y el violinista y director de orquesta Francisco Canaro (Pirincho).*

La muerte de Gardel coincide con la llegada al poder de los militares en Argentina. En los años treinta, conocidos como la «década infame», la situación económica y social se deteriora. El tango bailado declina y se repliega sobre su saber adquirido, si bien el tango cantado sigue prosperando. Durante este período, pocas novedades destacan en el plano musical, salvo el ritmo *canyengue*, de origen bantú, que el violinista y director de orquesta uruguayo Francisco Canaro introduce en sus composiciones. Hacia 1940, el tango,

■ *Tanto si lo vemos representado como un gaucho desconsolado, más parecido a Pierrot lunar (en el cartel), o como un vivaracho* play boy *(abajo), Gardel está profundamente arraigado en la cultura argentina. En su corta carrera grabó cientos de discos y rodó varias películas como* Flor de durazno *y* Las luces de Buenos Aires, *entre otras.*

en un principio reprimido por las autoridades argentinas, evoluciona en el plano musical y literario, hasta el punto de que se regenera con textos elaborados, arreglos complejos con ciertas influencias del jazz en ocasiones y de la mano de intérpretes de primer orden. Entre éstos destacan Aníbal Troilo, virtuoso del bandoneón, y los pianistas Osvaldo Pugliese y Horacio Salgán, artífices de una música estimulante y cadenciosa. Astor Piazzolla revoluciona el tango a partir de los años sesenta introduciendo el tango de concierto.

La Cumparsita

Tango

Música de
G. H. MATOS RODRIGUEZ

Letras de
G. H. MATOS RODRIGUEZ y de
ENRIQUE P. MARONI y **PASCUAL CONTURSI**

RICORDI
BUENOS AIRES

Apocalipsis en la pista de baile

En los años veinte, Hollywood se apropia del tango. Rodolfo Valentino, de origen italiano y antes bailarín mundano, se viste de gaucho para interpretar un fogoso tango en Los cuatro jinetes del Apocalipsis, *rodada por Rex Ingram en 1921 (fotografías a la derecha y a la izquierda). Además de Gardel, otros músicos argentinos ruedan películas sobre el tango. Destacamos especialmente a Roberto Firpo, que actúa el año siguiente en* La muchacha del arrabal.

Los años locos del tango

Durante los años locos,
las escuelas de danza,
salones de té, teatros,
cines y hoteles de Europa
y de Estados Unidos
contratan orquestas de
tango. Numerosos
bailarines se especializan
en el tango de salón,
complejo y refinado, cuyas
figuras en su mayoría han
perdurado hasta hoy. (A la
izquierda, un movimiento
ejecutado por Veloz y
Yolanda, calificados por
Life Magazine como «la
mejor pareja de bailarines
del mundo». A la derecha,
Miss Harding, creadora
del «tango chic»,
iniciando un paso del
brazo de su compañero
en el hotel Cecil. Arriba,
una partitura alemana
de 1913.)

EN BRASIL: DEL «LUNDÚ» A LA SAMBA

La samba, efervescente y espontánea, es el polo opuesto al tango, trágico y codificado. Antes de convertirse en música de carnaval y en uno de los ritmos latinoamericanos más conocidos en el extranjero, la samba era un danza de fecundidad de origen angoleño que incluía la frotación de los ombligos (*semba* significa «ombligo» en el idioma bantú). Los negros que huían de las plantaciones y se refugiaban en los bosques formaban un círculo para bailar la samba.

A finales del siglo XIX, Brasil se entusiasma con el *lundú*, también de origen bantú y con el *maxixe*, con influencias de la habanera. También en la misma época, las familias negras de Bahía se afincan en Río e introducen la samba, integrada por entonces en el *candomblé* (culto nacido de la fusión entre el catolicismo y las religiones *yoruba* y *congo*). Los sacerdotes y sacerdotisas del *candomblé*, conocidos familiarmente con el apodo de «tíos» y «tías», organizan fiestas donde acuden instrumentistas, cantantes y bailarines, y la samba pierde paulatinamente su carácter sagrado. En los populosos alrededores de la Praça Onze de Junho, considerada como una «África en miniatura», se concentra una intensa actividad musical.

Al igual que el tango en Buenos Aires, o el *son* en

■ *A principios de siglo, con el declive de las plantaciones de café y de azúcar, muchos negros se trasladan a Río de Janeiro (fotografía panorámica, arriba). La ciudad, con un puerto floreciente, atrae también a ilustres compositores como Heitor Villa-Lobos y Darius Milhaud, entre otros.*

La Habana, la samba despunta en los barrios pobres de Río, donde se hacinan los negros. Una botella de *cachaça* (aguardiente de caña de azúcar) y unos amigos son un pretexto como cualquier otro para cantar y bailar esta danza.

Hasta la primera década del siglo XX, la samba era una creación anónima, surgida del inconsciente colectivo. Sin embargo, con la aparición de los compositores, ésta se convierte en una obra individual y las letras dejan de ser improvisadas.

La burguesía *carioca*, imbuida de valores europeos, así como algunos mulatos que se esfuerzan por ganarse la respetabilidad, repudia la estridencia de las sambas y de las *batucadas*. La policía, obstinada en eliminar de la ciudad a la «chusma negra», difícil de controlar, acosa a los sambistas y confisca sus guitarras. Pero para los negros desfavorecidos, la samba es ya la reafirmación de su identidad y una forma de guerrilla cultural. Los primeros compositores de samba sueñan con que un día su música sea aceptada y conozca una amplia difusión.

■ *Los amerindios han estimulado durante mucho tiempo la imaginación de los europeos (grabados, abajo). En algunos carnavales de Brasil se recogen estas figuras indias, y en el norte del país, los cultos de origen africano han integrado a divinidades indias en su panteón.*

Gracias al músico Sinhô, con el carnaval, la samba se convertirá en el emblema cultural de Río. También los blancos sucumben a su hechizo, y harán suya esta música, cuyo éxito comercial pondrá fin a su represión.

■ En Europa, la moda del arte negro inspira un grafismo muy estilizado. Un diseñador representa así a uno de los músicos del grupo Oito Batutas a su paso por París (abajo, a la izquierda).

LOS COMIENZOS DE LA SAMBA

Sinhô es el primero en presentarse como compositor de sambas y en ser reconocido como tal, y la propaga por todo Río. Flautista antes de ser pianista, este músico frecuenta las *batucadas* del barrio de Saúde, y las casas

Os «Batutas» em París

de *candomblé*. La samba cuenta siempre una historia y las canciones de Sinhô, como *Bofé padmingé*, o *Macumba*, expresan el sabor de la cultura afrobrasileña y reflejan animadas estampas de la ciudad.

El saxofonista y flautista Pixinguinha enriquece las armonías de la samba e incorpora

■ Noel Rosa, músico blanco original del barrio de Vila Isabel, en Río, ha transformado las letras de la samba en verdaderas crónicas sociales de la ciudad. Muerto de tuberculosis a la edad de veintisiete años, dejó escritas más de doscientas canciones como O orvalho vem caindo, Com que roupa *y* Ultimo desejo, *entre otras (abajo, la carátula de uno de sus discos).*

solos para instrumentos de viento en todas sus composiciones.

Primero escribe *chôros* (de la palabra *chorar*, «llorar») —género con más prestigio que la samba—, y después innumerables sambas como *Já te digo*, que recuerdan a las de Sinhô, y *Carinhoso*. Colabora con varios grupos, y cuando recluta a China y Donga, forma el conjunto Oito Batutas, que se presenta en París en 1921.

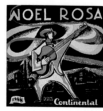

En 1917, la canción *Pelo telefone* abre paso a la *samba-canção*, más lenta y sentimental que la samba de carnaval. *Pelo telefone*, que evoca la represión con que el jefe de policía de Río intenta frenar el juego clandestino, obtiene un éxito inesperado. Su triunfo coincide con un auge nacionalista y un deseo por liberarse de las influencias culturales portuguesas. La radio, introducida en Brasil en 1923, y las discográficas popularizan la samba en ese momento. A finales de la década, ésta llega a los salones de baile y por fin logra consagrarse.

En 1929 la *samba-canção Ai, ioiô* es todo un éxito durante el carnaval. El prestigio de la samba cantada aumenta aún más en los años treinta con intérpretes de la talla de Mario Reis y Carmen Miranda, que seducirá a Estados Unidos con sus tocados adornados con frutas tropicales. Gracias a la radio, a partir de ese momento todo Brasil tararea las sambas del carnaval. Esta música se convierte en un fenómeno de masas y en el símbolo de Brasil, con el Gobierno nacionalista de Getúlio Vargas (1930-1945). En 1939, en consonancia con el patriotismo reinante, Ary Barroso escribe la famosa *samba-exaltação* (género de samba que exalta Brasil) *Aquarela do Brasil*.

■ *Nacida en Portugal aunque educada en Brasil, Carmen Miranda (Maria do Carmo Miranda da Cunha) cantó y bailó en varias películas y comedias musicales americanas como* Copacabana *y* That Night in Río *(abajo).*

LOS COMIENZOS DEL CARNAVAL

En el siglo XVII, los colonos portugueses introducen en Brasil la tradición del carnaval (bautizado entonces con el nombre de *entrudo*). Tras la abolición de la esclavitud, los blancos celebran su propio carnaval, mientras los negros se entregan a fiestas mucho más exuberantes de espaldas a las autoridades.

■ *A comienzos de siglo, durante el carnaval, antes de la aparición de los grupos organizados, muchas personas disfrazadas como la que muestra el grabado de la fotografía de abajo salían al paso de los transeúntes por*

A finales del siglo XIX, el carnaval empieza a estructurarse y aparecen los *cordoes*, grupos que desfilan con un portaestandarte al son de la marcha. Poco a poco, éstos son sustituidos por los *ranchos*, negros de origen bahiano ataviados como los granjeros del noreste, que se acompañan con una orquesta y coros. A estos *ranchos*, con trajes cada vez más suntuosos, se suman pronto los *blocos*, grupos que preceden o siguen a la banda. Atónito ante el

las calles de Río, preguntándoles de sopetón: «¿Me conoce usted?»

O REGULAMENTO DEFINITIVO DA "PARADA DAS MELODIAS"

Qual será o maior compositor das nossas Escolas de Samba?

espectáculo del carnaval, Darius Milhaud, que reside en la embajada de Francia de Río en 1917, se inspirará en la ópera *Forrobodó* de Chiquinha Gonzaga e incluirá temas brasileños en *Saudades do Brasil* (1920) y *Le Boeuf sur le Toit* (1924).

Hasta mediados de los años veinte, en el desfile del carnaval organizado en el centro de Río, sólo podía participar una elite. Sin embargo, en ocasiones, algunos grupos de juerguistas que bajaban de las *favelas* aprovechaban para meter cizaña. Ansiosos por ser incluidos en el desfile, algunos músicos negros como Heitor dos Prazeres deciden organizar asociaciones carnavalescas y presentar un espectáculo elaborado.

En una *favela* del barrio de Estácio, Dos Prazeres funda en un principio un conjunto de *pastoras* (granjeras ataviadas con trajes de bahianas) al que se suma la cantante de samba Clementina de Jesus. En 1927, este grupo toma prestado el nombre de la Escuela Normal del Río, donde enseñaban los sambistas conocidos, y se bautiza como Escuela de Samba *Deixa Eu Falar* (Déjame hablar).

Con compositores como Ismael Silva, oriundo también de Estácio, la samba de carnaval se enriquece en el plano armónico. Hacia finales de los años veinte se acompaña por grupos de percusión en los que domina el estruendo del *surdo* (tambor) e instrumentos de viento con influencias de jazz; y las *sambas-versados*, con largas coplas, sustituyen poco a poco las *marchas* de antaño.

■ *La fotografía de abajo muestra algunas jóvenes bailarinas de la Escuela de Samba Portela, una de las más antiguas de Río.*

IMPORTANTE REUNIÃO das Escolas de Samba não filiadas

Fundada en los años treinta, junto con Mangueira, Salgueiro e Império Serrano, es una de las cuatro grandes escuelas que compiten año tras año por el primer premio del carnaval.

Tras el hundimiento de la Bolsa en 1929, Estados Unidos se enfrenta a los años treinta con una renovada vitalidad: la alegría está en el *swing* y en los bailes desenfrenados. Después del tango, descubren la rumba y la conga cubanas. París, en pleno apogeo de la bohemia de Montparnasse, también se deja llevar por la rumba y el *biguine*, que entusiasma a todos con su aire sensual.

CAPÍTULO II
EL FULGOR
DEL CARIBE

■ *Edmundo Ros (a la derecha), de origen venezolano, dirigió una célebre orquesta de rumba en Inglaterra durante los años treinta. A la izquierda, una calle de La Habana, cuna de esta música.*

■ *Entre los pueblos africanos hoy afincados en Cuba, los congos siempre desempeñaron un papel preponderante en el desarrollo de la música popular. La* yuka *(a la izquierda) y la* makuta *han dado origen a la* rumba brava, *un ritmo que se bailaba en los barrios populares de La Habana y Matanzas.*

EN CUBA: LAS LUCES DEL SON

Desde la época de la colonización, Cuba ha ido creando su propia música gracias a aportaciones de diversa índole; no obstante, la influencia negra sigue siendo allí particularmente importante. La herencia española es evidente en la guajira, género de canciones que los campesinos del interior del país entonaban con un acompañamiento de guitarra. Asimismo, el legado francés se aprecia en el danzón.

Pese al régimen represivo de Gerardo Machado (1925-1933), el país vibra con un verdadero fervor creativo. Las orquestas, las bandas de jazz y los grupos cubanos tocan en los cabarets y hoteles más conocidos. Y los *trovadores*, cantantes que se acompañan con guitarra, presentan su música en teatros y cines. Oriundos de la provincia de Oriente (situada en el extremo este de Cuba), éstos popularizan en La Habana el bolero (más romántico y que difiere en el plano rítmico de su homónimo español) y el *son*, alegre e impertinente. Sindo Garay, Manuel Corona, Alberto Villalón y Rosendo Ruiz, grandes *trovadores* del momento, componen canciones que interpretan las orquestas de danza de la isla.

La emigración de los campesinos de Oriente hasta

La Habana favorece también la difusión del *son*. El *son*, género de canción anecdótica surgido en las postrimerías del siglo XIX, se entona al principio con un acompañamiento de marimba (cajón de resonancia), bongo, *botija* (vasija por la que se sopla y que desempeña el papel de una tuba), guitarra o *tres* (instrumento de nueve cuerdas), y dos cantantes, uno que toca las *claves* (dos palitos de madera percutidos uno contra otro), y otro que sigue el compás y toca las maracas.

Repudiado en un principio por la burguesía, el *son* se ve marginado a los barrios negros de La Habana. El contrabajo sustituye poco a poco a la *botija* y la marimba, y los grupos de *son* se rebautizan con el nombre de *sextetos* que pasarán a ser *septetos* cuando, por la influencia del jazz, se agregue una trompeta; y en los

■ *El* zapateado, *acompañado a la guitarra e introducido en Cuba por los inmigrantes españoles, se bailaba antiguamente en ciertas regiones de la isla (fotografía inferior). No obstante, los irresistibles ritmos negros cubanos han aportado una nota de color a casi todos los géneros musicales europeos.*

EL ZAPATEADO.

años cuarenta estos últimos se llamarán conjuntos, al sumarse un piano y una conga.

La guaracha, que interpretan también los *trovadores* y los *sextetos* y *septetos*, se parece al *son* en su ritmo arrebatador, en los textos satíricos o pícaros y en la alternancia copla-estribillo. Surgida en las tabernas del puerto de La Habana en el siglo XVIII, ésta se integra en el repertorio de la ópera bufa, introducida en Cuba por los napolitanos. A partir de los años setenta, el término «guaracha», en la salsa, designará las piezas que contienen frases anacrúsicas.

Machado, contrario a la música negra, censura ciertas canciones consideradas ofensivas para el régimen y obliga a sus autores a exiliarse, lo que no impide que el *son* siga extendiéndose. Paradójicamente, primero son los clubes blancos quienes la acogen, ya que la sociedad de «negros finos» desaprueba esta música «demasiado» africana para su gusto, que puede desacreditarlos frente a la alta sociedad.

Hacia finales de los años veinte, las discográficas norteamericanas contratan a los grupos de *son* más importantes como el Sexteto Boloña, el Sexteto Habanero, el Sexteto Occidente y el Septeto Nacional. Al igual que la samba en Brasil, el éxito de las primeras grabaciones de *son* propicia el ascenso social de este género musical. Los blancos se lo apropian y conquista el derecho de ciudadanía en las academias de baile negras.

Suavecito, tema que elogia los méritos del *son*, y una

■ *El* son *es la espina dorsal de la música popular cubana. Grupos como el Septeto Nacional de Ignacio Piñeiro y el Sexteto Habanero (carátulas de discos, arriba) dieron a conocer este género musical en el extranjero hacia finales de los años treinta. Compositores de renombre, como Gershwin, se inspirarán en el* son. *(A la derecha, partitura de la* Obertura cubana*).*

de las más famosas composiciones de Ignacio Piñeiro, obtiene la medalla de oro en la Feria de Sevilla de 1929; y durante una visita a Cuba el año siguiente, Gershwin tomará prestado un motivo de su canción *Échale salsita* para su *Obertura cubana*. Los discos del Septeto Nacional de Piñeiro, una auténtica institución del *son*, arrasan en Cuba.

El Trío Matamoros, otro grupo relevante del momento con sus canciones impregnadas de savia oriental *(Son de la loma, El que siembra su maíz, Lágrimas negras)*, ha difundido el *son* por el mundo entero. Músico de *tres* y cantante, Miguel Matamoros recluta en Santiago, capital de Oriente, al tenor y guitarrista Rafael Cueto y al barítono Ciro Rodríguez, que se acompaña con las *claves*. En 1926, el trío fija su residencia en La Habana, y posteriormente graba en Estados Unidos.

■ *Los discos del Trío Matamoros (abajo) han influido notablemente en los músicos de África central. La rumba zaireña (precursora del* soukous*) también debe mucho al son* cubano.

CUBAN OVERTURE
Two Pianos - Four Hands
Transcribed by
GREGORY STONE

GEORGE GERSHWIN ™

EL DANZÓN

El aristocrático danzón arraiga en La Habana, en la misma época que el *son* y el bolero. Creado a partir de la contradanza y luego transformado en danza, a su llegada a tierra cubana, este ritmo seduce a la burguesía habanera, sin importarle que la mayor parte de sus intérpretes y compositores sea de sangre negra.

A finales del siglo XIX, Miguel Failde, joven cornetista mestizo y director de una orquesta, compone varias piezas, como *Las alturas de Simpson* (nombre de un barrio de Matanzas) entre otras. Introduce síncopas en

la coda de la danza y desarrolla esta parte final sobre la que los músicos improvisan. Tras abandonar las figuras que impone la danza, a partir de ahora los bailarines harán progresos en pareja sobre este nuevo género musical, bautizado como danzón. *El bombín de Barreto* de José Urfé (1910) establecerá definitivamente la forma tripartita del danzón.

■ A partir de 1910, los puertorriqueños de Nueva York crearon *socials clubs* (centros donde se reunían las personas de una determinada región de la isla). Incluso en nuestros días, las formaciones «latinas» animan las reuniones con simpáticas fiestas y bailes. Arriba, un cartel de 1932 para una Fiesta de la raza.

■ Romeu (en la carátula de un disco, a la izquierda) fue uno de los primeros directores de charangas (orquestas de danzón) que contrató a cantantes: primero reclutó a Fernando Collazo que se suicidó a los 37 años, para desespero de sus admiradoras, y luego a Barbarito Díez. El danzón alcanzará una auténtica expansión a partir de los años cuarenta, sobre todo con la charanga del flautista Antonio Arcaño y luego con la Orquesta Aragón. Romeu se dará a conocer después en Estados Unidos.

Las cándidas orquestas de danzón, con flauta travesera de madera, violines, contrabajo, piano, *pailitas* (pequeños timbales) y el güiro (cilindro metálico con estrías), contrastan con los *septetos* de *son* más briosos que se acompañan de trompeta y bongo.

Uno de los más prestigiosos representantes del danzón de entonces es el pianista Antonio María Romeu. La pieza *Tres lindas cubanas* (1923), inspirada en un *son* de Guillermo Castillo (miembro del Sexteto Habanero) y sobre la que improvisa con brillantez, se impone en toda la isla.

En los años treinta, muchos puertorriqueños que huyen de la miseria de la isla y numerosos músicos cubanos se trasladan a Nueva York. Con sus clubes, teatros, salas de baile y restaurantes, East Harlem, más conocido como «El Barrio», se convierte en el polo de atracción latino de la ciudad.

■ *En 1929, tras constatar que el* son *está destronando al danzón, el flautista, saxofonista y director de orquesta Aniceto Díaz (abajo), originario de Matanzas, yuxtapone estos*

La mayoría de artistas del Barrio tocan una música esencialmente cubana, aunque a veces añaden a su repertorio valses, pasodobles y tangos. Entre éstos destacan el cornetista puertorriqueño Augusto Coen y el flautista cubano Alberto Socarrás, el trompetista cubano Pedro Vía y los cantantes puertorriqueños Davilita, Daniel Santos y Johnny Rodríguez.

El cantante Canario (Manuel Jiménez) rompe con esta hegemonía cubana e introduce en Nueva York la plena, género musical aparecido en Ponce, en la costa sur de Puerto Rico hacia 1914. El equivalente puertorriqueño del *son*, la plena, se acompaña con dos tamboriles, uno que marca el ritmo de base, el otro improvisando, y un acordeón.

Algunos músicos trabajan también con grupos americanos para sobrevivir. Coen colabora con Duke Ellington, Socarrás toca en la orquesta del Cotton Club, el saxofonista y trompetista Mario Bauzá en el grupo de Chick Webb y luego en el de Cab Calloway.

dos ritmos en su composición Rompiendo la rutina. *Ésta da lugar al alumbramiento de un género nuevo, bautizado como* danzonete, *que provocará un entusiasmo espectacular, aunque pasajero. Varios compositores y numerosos cantantes, entre ellos, Abelardo Barroso y Celia Cruz, apadrinarán el* danzonete.

LA LOCURA DE LA RUMBA Y DE LA CONGA

Un día, el compositor cubano Don Azpiazu se inspira en el ambiente callejero y escribe *El manisero* (el vendedor de cacahuetes) en la mesa de un café de La Habana. En 1930, Azpiazu es contratado por un teatro de Broadway y Antonio Machín, estrella del espectáculo, canta *El manisero*. Traducida con el título inglés de *The Peanut Vendor*, la canción triunfa de inmediato en Estados Unidos, y posteriormente en el

■ *En el* guaguancó *(arriba), al compás de tambores y cantos, el hombre persigue a la mujer e intenta realizar el* vacunao *(contacto pélvico), mientras ella lo esquiva.*

resto del mundo. Los estadounidenses se entusiasman
con la música cubana y aprenden a bailar la rumba
y la conga.

■ *Después de su gira con
Azpiazu, Antonio Machín
se queda en Nueva York,
donde formará un
cuarteto (a la izquierda)
y grabará numerosos
singles de 78
revoluciones. Como el
Trío Matamoros, Machín
contribuirá también a
difundir la música
cubana en el extranjero.
Abajo: Edmundo Ros
tocando el bongo.*

La rumba, a medio camino entre la rumba brava y
son, invade los salones de baile. Baile serpentina de
los carnavales de La Habana y de Santiago, la conga
es introducida en Estados Unidos por el compositor
Eliseo Grenet y el cantante y actor Desi Arnaz.
Dejando a un lado sus inhibiciones, los
estadounidenses bailan la rumba con frenesí
cogidos por la cintura en fila india y dando una
patada en el cuarto tiempo.

Los clubes y hoteles elegantes de Manhattan
contratan a grupos «latinos» como el del
pianista puertorriqueño Noro Morales, los
Happy Boys del percusionista
puertorriqueño Federico Pagani o la
Orquesta Siboney del violinista cubano
Alberto Iznaga.

A comienzos de los años treinta, las
grandes orquestas de Azpiazu, Ernesto
Lecuona y Armando Oréfiche
promocionan la rumba y la conga en el
extranjero. Las orquestas «latinas» de
salón con vocación comercial como la

de Xavier Cugat ejecutan ritmos simplificados destinados al público anglosajón.

Francia descubre el *biguine*, importado de la Martinica, al mismo tiempo que la rumba y la conga. Juguetón o sentimental según los casos, el *biguine* expresa a las mil maravillas el encanto y la picardía criollas. Podría provenir del *bélé* (o *bélair*), conjunto de cantos y danzas de tambores que los esclavos de las plantaciones ejecutaban después del trabajo y cuya tradición ha perdurado en las Antillas; o incluso de las cuadrillas y las polcas. Es posible que el nombre *biguine* derive del inglés *begin*, interjección con la que los directores de música anglófonos hacían arrancar a sus músicos.

Hacia 1905, la burguesía manifiesta su preferencia por los bailes importados como la *cuadrilla*, la polca, el charlestón y el *fox-trot*; el pueblo vibra con el *biguine* en los casinos (salas de baile a veces rudimentarias) como el Bal Loulou, el Gran Balcón, y en los bailes populares. Aunque también hay algunos clarinetistas excelentes como Isambert, Eugène Adidi, Ti-Georges Elisabeth o Léon Apanon, en los grupos del

■ *El catalán Xavier Cugat renuncia a una carrera de violinista clásico para dedicarse a tocar ritmos latinos. Su música, muy comercial, ofrece escaso interés en el plano musical, lo que no es óbice para que excelentes músicos cubanos y puertorriqueños pasen por su orquesta. Este es el caso del cantante Miguelito Valdés, al que vemos en la fotografía de la izquierda tocando la conga.*

■ *Además de los clarinetistas Stellio y Ernest Léardée (llegados a París en 1929), otros muchos músicos propagaban el* biguine *por la ciudad (a la izquierda). Maurice Chevalier, Jean Sablon y Joséphine Baker también grabaron* biguines; *y en Nueva York, Cugat induce a Cole Porter a escribir* Begin the Beguine.

■ *Numerosos* biguines *evocan a las seductoras criollas engalanadas con joyas a las que los antillanos llaman «matadors» (a la izquierda). «Las* matadoras, *personajes pintorescos de la sociedad antillana de principios de siglo, no eran en modo alguno mujeres fáciles, sin duda eran cortejadas en todas partes, pero se hacían mucho de rogar antes de otorgar sus favores al elegido de su corazón —o de su bolsa— por una duración que podía variar según su gusto.» (Jean-Pierre Meunier y Brigitte Léardée.)*

momento predominan los instrumentos de cuerda. El clarinete no será el instrumento característico del *biguine* hasta los años treinta. A principios de siglo vivía en Luisiana una comunidad antillesa, de ahí que la instrumentación del *biguine* recuerde a la de las primeras *jazz bands*. En efecto, encontramos un clarinete (más tarde el saxofón), un trombón, un contrabajo, un banjo (o violín), un piano y un tambor (sustituido más tarde por la batería), más dos instrumentos antillanos: el *tibwa* (bambú golpeado por baquetas que

marcan el ritmo de base y el *cha cha* (una suerte de maracas).

El *biguine*, cantado en criollo, tal vez sea romántico o nostálgico (*Adieu foulards, Adieu madras, Ninon*); no obstante, tiende a tratar más bien temas divertidos o picarescos (*Bossu* o *La Danse de Bam Bam, Dans trou crab'la*). El *biguine bel-air*, que toma el relevo al de Saint-Pierre, es la canción de moda en las salas de baile y las fiestas; el *biguine vidé* (del nombre que se le da en las Antillas al desfile de carnaval), satírico y desenfadado, predomina en el carnaval y en las campañas electorales, donde los candidatos desfilan con música. Un gentío abigarrado que baja de las colinas acompaña al cortejo de Vaval —el rey del carnaval— por las calles de Fort-de-France entonando *biguines vidé* con letras a menudo vengativas. El *biguine* suena también en los numerosos bailes organizados durante el período de carnaval.

■ *En los bailes antillanos se baila el* biguine *de buena gana (en la foto superior se puede ver a un músico tocando el trombón en los bastidores). Se baila también la mazurca criolla y la* cuadrilla *con sus distintas figuras: el pantalón, el verano, la gallina, la pastoral y el final. En la cuadrilla, un «comendador» dirige a los bailarines que avanzan hasta el centro de un círculo.*

■ *En los bailes antillanos del París de los años treinta reina un ambiente desenfrenado:* «Todo el mundo baila con todo el mundo —recuerda el clarinetista Ernest Léardée—. Las fronteras y las diferencias de clase no existen y uno creería estar en una ceremonia ritual, donde todos los pueblos se comunican con la pasión del ritmo y del baile.» *Stellio (abajo) compuso numerosas canciones criollas como* Ah! Gadé chabine-là, *alusión a una hermosa* chabine *(mujer de tez clara) a la que su amante rico abandona por una joven mejor situada.*

EL «BIGUINE» INVADE PARÍS

Tras la Primera Guerra Mundial, soldados y músicos antillanos, como el clarinetista Sam Castendet, se trasladan a la Ciudad de la Luz. Sin embargo, los franceses descubren realmente el *biguine* en 1931, con el Stellio's Band del clarinetista Alexandre Stellio (Fructueux Alexandre), quien se presenta en el pabellón antillano de la Exposición colonial.

Stellio recuerda a Sidney Bechet por su lirismo y su vibrato. Tras grabar algunos de los primeros discos de *biguine* se convierte en una de las glorias de la música antillana.

En mayo de 1929, Stellio desembarca en un París chacotero y noctámbulo, ansioso de placeres exóticos. Artistas y aristócratas se dejan seducir por los «bals nègres» en auge, como el Tagada, el Elan Noir —frecuentado por Joséphine Baker y Mistinguett—, la Cabane Bambou, la Boule Blanche, el Bal Blanqui, y el Boeuf sur le Toit. Stellio toca sus cautivadoras melodías en el Bal Colonial de la Rue Blomet, donde una noche el príncipe de Gales hace un sonado acto de presencia.

Le plus gros succès du Carnaval de Fort-de-France exécuté à Paris par l'orchestre martiniquais STELLIO'S BAND

Ah ! Gadé Chabine-là

(Biguine martiniquaise)

Chanson créole

pour piano

Musique de

A. Stellio

Enregistré sur disques " Odéon "

Du même auteur : En sens unique s. v. p. Petit format avec paroles

A. STELLIO

Ah ! Gadé chabine-là existe en petit format avec paroles

PROPRIÉTÉ DE L'AUTEUR — P. STELLIO ALPHONSO PARIS

En los años cuarenta y cincuenta, las músicas caribeñas inician una fase de intensa creatividad. En Nueva York, la fusión entre el mambo, el chachachá y el jazz crean un género incandescente; el *cubop*, conocido más tarde como «jazz latino». Trinidad exporta con éxito su calipso e inventa los *steel bands*.

CAPÍTULO III
LA EDAD DE ORO

■ *En el efervescente crisol americano, las músicas caribeñas y el jazz se han mezclado con éxito gracias a sus raíces comunes. El proceso se inicia en Nueva Orleans, donde se celebra (a la izquierda), una velada enfebrecida. En la fotografía de la derecha, la marquesina del Savoy Ballroom, un famoso club de Harlem.*

El matrimonio de La Habana y Harlem

Hacia finales de los años treinta, hastiados de los tópicos de la era *swing*, un grupo de músicos afroamericanos, entre los que figuran Charlie Parker, Dizzy Gillespie y Thelonious Monk, revoluciona el jazz.

A su llegada a Nueva York en 1937, Mario Bauzá ha tocado ya con numerosos *jazzmen* como Gillespie, con los que comparte su sed de experimentación. En 1940, el cantante *Machito* (Frank Grillo) crea con su cuñado una gran orquesta cubana en la que integra sus innovaciones armónicas del *be-bop*, en plena gestación en ese momento. Los tambores de origen africano, erradicados por los blancos, desaparecen de Estados Unidos desde los inicios de la esclavitud, de tal manera que hasta mediados de los años treinta, los baterías tienen que conformarse con marcar el ritmo. Como contrapunto a esta carencia, las congas, bongos, timbales, maracas, *claves* y güiros, aportan a la música cubana una asombrosa exuberancia rítmica.

En La Habana, Bauzá ha tocado con grupos de danzón y con la Orquesta Sinfónica Nacional. Machito, más instintivo que su cuñado, ha cantado con varias formaciones de *son* como la de María Teresa Vera e Ignacio Piñeiro.

Junto a John Bartee, arreglista de Calloway, Bauzá escribe las partituras para su nueva orquesta, los Afro-Cubans. El grupo asombra al público con sus percusiones desenfrenadas y sus arreglos inéditos. Integrada en un principio por tres saxofones, dos trompetas, piano, contrabajo, bongo y timbales, en los años siguientes se irá perfilando gracias a la incorporación del percusionista de conga Carlos Vidal y la cantante Graciela, hermana de Machito.

Un día de 1943, en el club La Conga, los músicos de los Afro-Cubans hacen una improvisación espontánea sobre *El botellero* de Gilberto Valdés. Bauzá crea una melodía sobre los solos y Machito le pone la letra. El tema, al que llaman *Tanga*, será el emblema del jazz latino. Cuatro años más tarde, Stan Kenton, deslumbrado ante los Afro-Cubans en un concierto, se convierte a la música latina.

Este último graba *The Peanut Vendor* y otras piezas

■ *Machito, nacido en Tampa y criado en La Habana, dirigió una de las mejores orquestas latinas desde 1940 hasta su muerte en Londres, en 1948. Arriba, en una película rodada por la Paramount. A la derecha, tocando las maracas con el bongocero puertorriqueño José Mangual.*

latinas, en ocasiones con la colaboración de las percusiones de los Afro-Cubans. En diciembre de 1948, Charlie Parker reproduce algunos títulos con Bauzá y Machito, y el encuentro con el genio del *be-bop* y de la mejor orquesta latina del momento consagra el advenimiento del jazz latino. En el transcurso de los años siguientes, algunos de los más grandes nombres de la música americana grabarán con los Afro-Cubans.

DIZZY GILLESPIE Y CHANO POZO

Si Bauzá y Machito integran el jazz en la música cubana, Dizzy Gillespie hace lo contrario y en 1946 incorpora, por primera vez en la historia del jazz, tambores «latinos» en una *big band* americana. A finales de los años treinta, este trompetista apasionado de los ritmos cubanos ya ha tocado en el Savoy Ballroom de Harlem y ha colaborado con el flautista Alberto Socarrás. Además, durante su estancia en la casa de Cab Calloway, formaba parte del

■ *En 1941, Dizzy Gillespie (página de la derecha) abandona la orquesta de Cab Calloway (abajo) después de un altercado legendario. El cantante le acusa de haberle lanzado una albóndiga al escenario; el trompetista niega los hechos, saca un cuchillo y se lo clava*

CAB CALLOWAY
and his Cotton Club
Orchestra

pequeño grupo que Bauzá fundó antes de crear los Afro-Cubans. También ha sido el compositor y arreglista de dos temas con cadencias latinas: *Pickin' the Cabbage* y *Night in Tunisia*.

Por recomendación de Bauzá, Gillespie contrata al músico de conga Chano Pozo en su gran orquesta. Pozo, que toca los tambores con las manos y no con las baquetas, deja estupefactos a los instrumentistas de jazz de entonces.

En Cuba, Pozo, este genio de la percusión, ha

al cantante en el muslo. Olvidando viejos rencores, Calloway no dejará de elogiar nunca el talento de Gillespie.

tocado en las ceremonias secretas de los Ñáñigos (secta de origen nigeriano) y en los carnavales de La Habana, y su virtuosismo y su imaginación desbordante es motivo de admiración entre sus compañeros. En la *big band* de Gillespie, los ritmos cubanos de Pozo chocan al principio con aquéllos, más breves, del jazz. No obstante, Chano transmite paulatinamente su saber a Dizzy y a sus músicos, y el trompetista le enseña al conguero a interpretar el fraseado del jazz.

Dizzy enriquece su repertorio con *Manteca*, *Tin Tin Deo* y otras piezas con ritmos creados por Pozo a los tambores, y los armoniza y orquesta con la ayuda de arreglistas. Durante un concierto en Carnegie Hall, la *big band* de Gillespie toca *Cubana Be Cubana Bop*, donde el solo de conga y los cantos afrocubanos de Pozo causan sensación. En diciembre de 1948, Gillespie se presenta en la sala Pleyel. Atónitos, los músicos de jazz franceses descubren a la vez el *be-bop* y la magia de Pozo. La repercusión de este magistral concierto perdurará mucho tiempo en el recuerdo.

Mambo y chachachá

En los años cuarenta y cincuenta, el auge del jazz latino coincide con el gusto por el mambo y el chachachá, igualmente de origen cubano.

En 1938, en La Habana, el violoncelista Orestes López compone un danzón muy rítmico, bautizado como *Mambo*. Dos o tres años más tarde, Arsenio Rodríguez introduce en el *son* síncopas que anuncian las del mambo. Sin embargo, el auténtico creador de este género musical es el pianista cubano Pérez Prado. Prado se instala en

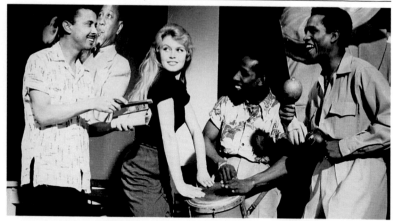

México, donde forma una gran orquesta latina en 1950. Incorpora instrumentos de jazz al danzón, como son los vientos dinámicos y una batería, y bautiza su nueva música con el nombre genérico de mambo. Tras una breve colaboración con el cantante cubano Benny Moré, se dedica exclusivamente a la música instrumental aunque con breves *riffs* cantados por miembros de la orquesta. Sus composiciones *Qué rico el mambo*, *Mambo N.º 5* y *Patricia*, sencillas pero bailables, conquistan América latina y Estados Unidos antes de triunfar en Europa.

Hacia 1954, el chachachá, una suerte de mambo más marcado con una interjección característica sobre el tercer tiempo, hace furor en Estados Unidos. A comienzos de los años cincuenta, en La Habana, el violinista Enrique Jorrín, miembro de la charanga Orquesta América, empieza a simplificar el ritmo del mambo en sus composiciones y a moderar el *tempo*. Un día de 1952, cuando este grupo tocaba el danzón *Silver Star* de Jorrín, los músicos, inspirados en el rozamiento de los pies de los bailarines, se ponen a cantar: «Chachachá, chachachá es un baile original.»

Esta onomatopeya da lugar a la aparición de un género musical homónimo y el chachachá se extiende por todo el mundo.

En Nueva York, el Palladium Ballroom, gigantesco salón de baile situado en una esquina de Broadway

■ *Silvana Mangano y Brigitte Bardot (arriba, en* Y Dios creó a la mujer) *bailaron juntas el mambo en la pantalla. Hacia mediados de los años cincuenta, muchos cantantes y músicos de jazz americanos interpretan mambos, y las escuelas de baile enseñan que el chachachá no admite improvisaciones. Pese al éxito internacional de Pérez Prado, los mambos más estimulantes se oyen en Nueva York.*

con la calle Cincuenta y dos, se convierte en el catalizador de estos nuevos bailes.

El mambo, fluido y arrebatador y el chachachá inspiran asombrosas coreografías. Toda la ciudad pasa por allí para admirar a los bailarines profesionales: The Mambo Aces, Louie Máquina, Killer Joe Piro y los músicos de jazz de los clubes vecinos improvisan con los Afro-Cubans o las orquestas de Tito Puente y de Tito Rodríguez, con arreglos más sofisticados que los de Prado.

■ *De padres puertorriqueños y educado en Harlem, Tito (Ernesto) Puente (abajo) introdujo los timbales en la música latina de «Estados Unidos». Los timbales (a la izquierda), procedentes de los timbales militares que los soldados negros de Cuba tocaban con un swing muy especial, están provistos de un* cowbell *(cencerro) que se utiliza para el chachachá.*

EL COMBATE ENTRE LOS TITO

Tito Puente, timbalero (percusionista de timbales) pianista y vibrafonista, es uno de los compositores y arreglistas más fecundos de la música latina. Grabó varios centenares de temas (entre ellos, *Oye cómo va* que contribuyó al éxito de Santana a comienzos de los años setenta).

A principios de los años cincuenta, el cantante Tito Rodríguez, rival de Puente, crea un conjunto que bautiza como Los Lobos del Mambo. Mientras Puente triunfa con *Abaniquito*, *Picadillo* y *Ran kan kan*, Rodríguez afianza su nombre con *Hay cráneo*, *La renta* y *Mambo mona*. La competencia entre Puente y Rodríguez aumenta a principios de los años sesenta y en vista del interés de Puente por el jazz, Rodríguez graba también un disco de clásicos de jazz, con Zoot Sims, Clark Terry y Bob Brookmayer. Para seguir desafiando al timbalero, graba un álbum titulado *Tito N.º 1*, donde proclama en una rumba: «Haz saber a mi adversario que estoy aquí.» La fama por la calidad de su orquesta, su impecable dicción, su donaire seductor y sus boleros sensuales le llevan a triunfar en toda América latina. Morirá de leucemia en 1973, después de un último concierto en el Madison Square Garden, acompañado por la formación de Machito.

■ *Tito (Pablo) Rodríguez, oriundo de Puerto Rico, hijo de un dominicano y una cubana, hace alarde toda su vida de un particular afecto por su patria chica, que a menudo elogiará en sus canciones. Se rodea de músicos fuera de serie como el bajista Cachao (Israel López), los pianistas René Hernández y Eddie Palmieri, el trompetista Víctor Paz y el saxofonista Mario Rivera (arriba).*

EL CALIPSO ACUÑA EL CARNAVAL EN TRINIDAD
Abusando del sarcasmo y de la hipérbole, el calipso, vinculado estrechamente al carnaval, comenta con un humor corrosivo los acontecimientos políticos y

sociales, los incidentes de la vida cotidiana y se burla de las mujeres con una virulenta misoginia. Se ve despuntar este género en los cantos de escarnio que los esclavos entonan para mofarse de sus amos, criticarse entre ellos y acompasar las luchas con estacas *(kalinda)* que practican para divertirse después del trabajo.

Antes de ser cedida a Inglaterra en el siglo XVIII, Trinidad pertenece a Francia. El carnaval es introducido en esta tierra por los colonos franceses. A finales del XIX, éste genera canciones anecdóticas o satíricas en dialecto francés, conocidas como *kaiso*, y los cantantes solistas *(chantwell)*, antecesores de los *calipsonianos* (cantores de calipso) desfilan por las calles precediendo a los grupos de jaraneros disfrazados. En los años treinta, Trinidad prospera

■ Conocido por el apodo de «El bárbaro del ritmo», el gran cantante Benny Moré (arriba) dirigió una importante orquesta en La Habana en los años cincuenta. Aunque murió en 1963, sigue ocupando un lugar de honor en el corazón de los cubanos.

■ El carnaval de Port of Spain es, junto al de Río, uno de los más pintorescos de América del Sur. El percusionista (a la izquierda) se sienta en su tambor, una técnica extendida en algunos países caribeños como Haití, las Antillas francesas, y las Islas Vírgenes. En ocasiones, el músico apoya el talón en la membrana del tambor con el fin de modificar su timbre (técnica llamada baillé talon en criollo).

■ *Lord Beginner, Atilla the Hun y Tiger en 1937 (a la izquierda); abajo, Roaring Lion en 1936, cuatro famosos cantantes de calipso del momento. A Roaring Lion, que pretende sorprender con canciones sagaces, Atilla le replicó en un calipso: «Nada más empezar, ya estás cantando sandeces. [...] Crees que haces versos bien construidos, pero sólo sacas a relucir tu estupidez.»*

gracias a la industria del petróleo, las bases navales americanas y el turismo, y aparecen *calipsonianos* de renombre como Wilmoth Houdini, The Inventor, Lord Executor y *Chieftain* Walter Douglas. Douglas prescinde del dialecto francés e introduce el *ballad calipso*, con largas coplas cantadas en inglés. Crea las «tiendas» —un simple armazón cubierto con chapa ondulada, provisto de un escenario y sillas—, y consigue atraerse a la clase media, que había sido hostil al calipso. A partir de entonces, el público asiste a los concursos de calipso, entre participantes que rivalizan en elocuencia. Las orquestas que acompañan a los cantantes se componen generalmente de flauta, clarinete, cuatro (guitarra de cuatro cuerdas de origen venezolano), guitarra, maracas, contrabajo y en ocasiones violín.

Por aquella época, las autoridades de Trinidad censuran los calipsos, considerados «indecentes» o subversivos, y Atilla *the Hun* se rebela contra esta represión arbitraria. No obstante, la calidad literaria y musical del calipso mejora. Éste se abre a la actualidad internacional (prueba de ello es el *Civil War in Spain* de Growling Tiger) y absorbe elementos de jazz así como otras músicas caribeñas y latinoamericanas.

Hacia 1950, Harry Belafonte (de ascendencia jamaicana) populariza el calipso en Estados Unidos con *Mathilda* y *Brow Skin Gal* (canciones originales, *granadinas*, en realidad). El éxito de Belafonte desata

■ *Con su físico de galán, el joven Harry Belafonte (abajo) es uno de los primeros antillanos que se impone en Hollywood cantando en inglés.*

los celos de algunos cantantes de Trinidad. Sin embargo, una nueva generación de *calipsonianos* como Lord Melody y Lord Kitchener, apodado «joven brigada», aparece en Port of Spain y contribuye también a la fama internacional de este género musical. El calipso alcanza su apogeo con una orquestación más rica y una forma más acabada. A finales de los años cuarenta, la «joven brigada» denuncia los problemas sociales, sin descuidar en modo alguno los temas eróticos. Atilla *the Hun*, elegido en el consejo legislativo en 1950, pasa revista a la actualidad en sus canciones y protesta contra el racismo.

■ *La Trinidad All Steel Perscussion Orchestra se presenta en público bajo la dirección del lugarteniente N. Joseph Griffith, de la policía de Santa Lucía (fotografía de la izquierda). Los* pans, *dispuestos aquí verticalmente, suelen tocarse planos, o con una inclinación más pronunciada. Las* steel bands *actuales pueden incluir hasta doscientos* pans. *Entre las más famosas destacan los Amoco Renegades y Panberi.*

LAS «STEEL BANDS» SE INTEGRAN EN EL CARNAVAL

La expansión del *calipso* coincide con la aparición de las *steel bands* en el carnaval de Trinidad. Durante la colonización inglesa, las autoridades prohibieron en varias ocasiones los tambores, así que los músicos sustituyeron éstos por varillas de bambú percutidas *(tamboos bamboos)*, botellas golpeadas con un cuchillo, bidones de hierro colado o cubos de basura. Después de la Segunda Guerra Mundial, en Port of Spain, los percusionistas Ellie Manette, Winston *Spree* Simon y Neville Jules, se entregan a la búsqueda de sonidos nuevos para el carnaval y recuperan los barriles usados *(pans)* en las refinerías de petróleo. Los músicos consiguen producir distintas notas martilleando estos *pans*. Las primeras *steel bands* aparecen en seguida, integradas por *pans* (o *steel drums*) afinados de forma diferente, de manera que uno proporciona las notas de bajo

y otros marcan la melodía o los contrapuntos.
El virtuosismo de las *steel bands* aumenta
paulatinamente, a medida que se perfecciona la
técnica de fabricación de los *pans*. A partir de los años
cincuenta, el carnaval gana adeptos y se convierte en
una de las principales atracciones turísticas de
Trinidad. Los ensayos y los festejos se inician con
varios meses de antelación y el calipso culmina en
enero, febrero y marzo. Los cantantes se presentan en
salas de conciertos y teatros (a los que se sigue
llamando «tiendas») y los jueces eligen a los finalistas.
Por su parte, el público escoge su *road march* que, a
partir de ese momento, las *steel bands* tocarán por las
calles de la capital. Con el paso de los años, estos
grupos van a adquirir fama internacional, y a partir
de 1963, todos los años se organizará un concurso de
steel bands (Panorama) antes del carnaval. El calipso
y las *steel bands* llegarán a todas las islas anglófonas
del Caribe, así como a las comunidades de Trinidad
residentes en Inglaterra y Estados Unidos.

■ *En el carnaval de Port of Spain, los integrantes de las comparsas disfrazados, suntuosamente vestidos, pueden ser un auténtico teatro ambulante con personajes tradicionales o imaginarios. (Aquí abajo vemos vestidos que emulan algunos personajes del Egipto de los faraones.)*

A principios de los años sesenta aparece la *bossa nova*, elegante y púdica. Esta creación de una elite cultivada contrasta con el *rock* y el *folk* pusilánime del momento. El *reggae*, proletario y militante, surge en la década siguiente en Kingston, mientras la salsa, exuberante y cabal, transmite su calor y su alegría de vivir.

CAPÍTULO IV
LA EXPLOSIÓN MUSICAL

■ *La música sudamericana estalla en los años sesenta. La samba y la* bossa nova *se propagan por todo el mundo (a la derecha, un instrumentista de* recoreco) *mientras Bob Marley (a la izquierda) se convierte en el símbolo del* reggae.

EN BRASIL: LA «BOSSA NOVA» EMERGE EN LA ZONA SUR DE RÍO

A finales de los años cincuenta, el Gobierno de Juscelino Kubitschek contribuye a la prosperidad económica de Brasil. No obstante, en Río se acentúan las diferencias entre los barrios negros y los barrios blancos. Las *favelas* siguen fieles a la ardiente *samba de morro*, mientras la opulenta zona del sur de la ciudad —como Copacabana, Ipanema y Leblon, o sea la de las playas y las discotecas de lujo— se decantan por el jazz. La *samba-canção*, desabrida desde la década anterior bajo el influjo de la variante americana y del bolero, deja paso entonces a la *bossa nova*.

Sobria y discreta, con su canto susurrado (bautizada con el nombre *canto falado*), la *bossa nova* bebe en las fuentes de distintas ideas armónicas y de la sensibilidad que destila el *jazz cool* de entonces. Se forman varios grupos vocales inspirados en los de Estados Unidos, y la joven cantante Nara Leão reúne a los músicos que serán las estrellas de la *bossa nova* en su apartamento de la avenida Atlántica.

En 1958, João Gilberto, guitarrista desconocido, oriundo del estado de Bahía, graba en Río con la cantante Elizete Cardoso. El ritmo de acompañamiento *(batida)*, desfasado con respecto al canto, desconcierta a algunos oyentes que tachan su innovación de «guitarra tartamuda». Algunos meses más tarde, Gilberto vuelve a tocar la misma *batida* en otro disco (que incluye *Chega de saudade, Outra vez, Desafinado* y *Bim bom*) y éste consagra el advenimiento de la *bossa nova*. En portugués, *bossa* significa «astucia» o «manera de hacer», y *bossa nova*

■ *La* bossa nova, *una música popular y sofisticada obtiene una calurosa acogida en las discotecas de Río y Sao Paulo (arriba, el cartel de un concierto). En 1958, Vinícius de Moraes y Tom Jobim escribieron letras para la cantante Elizete Cardoso. (Abajo, carátula del disco.)*

podría traducirse por «nueva ola» o «nuevo estilo». El autor de *Chega de saudade* y *Desafinado* —los primeros grandes éxitos de la *bossa nova*— es el pianista, guitarrista y arreglista Antonio Carlos *(Tom)* Jobim. Considerado como el compositor más completo de este género, Jobim alcanza un verdadero estado de gracia con unas canciones que revelan un equilibrio

■ «Como tantos otros niños, yo también adoraba la bossa nova y a Tom Jobim. Quería ser compositor, igual que Tom Jobim. No me gustaban las canciones melancólicas. [...] Quería tocar el piano como Tom Jobim, [...] contar historias como Tom Jobim, así que fui a Ipanema, a la casa de Tom Jobim. Aloysio de Oliveria me lo presentó y le toqué mi samba a la guitarra. Tom miraba. Al día siguiente, creó un acorde para mi samba. [...] Cuando Tom entra con uno de sus acordes, es como si alguien abriera una ventana. [...] Se fue a Nueva York, grabó con Sinatra (a la izquierda) y todo el mundo se extasió con él. Luego regresó porque añoraba a sus viejos compañeros.»

Chico Buarque

sutil entre el ritmo, la armonía, la melodía y las letras. Jobim colaborará en muchas ocasiones con el poeta y letrista Vinícius de Moraes («Cree en la poesía de la música —dice V. de Moraes de Jobim— y yo creo en la música de la poesía»). Juntos, los dos amigos alumbrarán las *sambas* de *L'Orfeu da Conceição* (recuperadas en la película *Orfeo Negro*) y otras obras inmortales.

El pianista y cantante Johnny Alf (Alfredo José da Silva), a quien le entusiasma tanto George Shearing, Nat King Cole y Cole Porter como Debussy o el *be-bop*,

■ En 1959, la película de Marcel Camus, Orfeo Negro (arriba) extrapola el mito de Orfeo al ambiente del carnaval de Río.

■ *El virtuoso guitarrista Baden Powell (arriba), acompañado por un birimbau (arco musical de origen angoleño, cuyos ritmos reproduce a veces en su instrumento), se inspira en la música de Bahía. Junto a Vinícius de Moraes, es uno de los autores de espléndidas afro-sambas.*

■ *Elis Regina (abajo), oriunda del estado de Rio Grande do Sul, inmortalizó varias obras maestras de la música popular brasileña con su magnífica voz y su temperamento pasional. Murió a los treinta y siete años de una sobredosis de cocaína.*

proclama también la *bossa nova*. Él mismo se acompaña al piano con acordes rebuscados y obtiene el éxito con *Que vou dizer eu* (¿Qué voy a decir?), improvisada en el estudio, porque había olvidado la letra de una canción. Roberto Menescal, pianista convertido en guitarrista, organiza la primera orquesta de *bossa nova* y otros artistas apuestan por esta música. Entre éstos destacan los guitarristas Baden Powell, Luis Bonfá y Toquinho, los pianistas João Donato y Sergio Mendes y las cantantes Silvia Teles y Maria Creuza.

■ *La mulata es la reina del carnaval brasileño, cubano y antillano. El travesti (abajo) parodia a este vistoso personaje.*

En 1962, Jobim se inspira en los andares de una exuberante joven para componer *Garota de Ipanema (The Girl from Ipanema)*, un éxito mundial de la *bossa nova*. El 21 de noviembre de aquel año, se organiza un concierto de *bossa nova* en Carnegie Hall que se presenta como el «nuevo jazz brasileño». Encabezan el cartel João Gilberto, el guitarrista Bola Sete (Djalma Andrade), Luis Bonfá y el pianista argentino Lalo Schifrin. La música impresiona profundamente a músicos de jazz estadounidenses como Miles Davis, Dizzy Gillespie y Stan Getz, quien grabará *Jazz Samba* (con Charlie Byrd) y *The Girl from Ipanema* (con la cantante Astrud Gilberto, mujer de João) —dos de sus *hits-parades*—, y Gillespie incluirá numerosos temas brasileños en su repertorio. Sergio Mendes, el organista Walter Wanderley y el guitarrista Laurindo Almeida triunfan también en Estados Unidos. En California, Mendes y el percusionista Chico Batera improvisan con Barney Kessel y Bud Shank; João Donato colabora con instrumentistas de jazz y músicos cubanos como Mongo Santamaría, y la *bossa nova* se convierte en parte integrante del repertorio de jazz.

En Brasil, la *bossa nova* atrae igualmente al cantante, guitarrista y compositor Edu Lobo (autor de las espléndidas *Boranda* y *Canto triste*) y a la expresiva Elis Regina, una de las voces más bellas de la música brasileña.

Profusión de colores

*El espectáculo de
carnaval con su fragor de
ruidos y colores requiere
varios meses de ensayos.
Cada escuela de samba
(algunas son patrocinadas
por empresas o
financiadas por los capos
de la droga) elige la
música, las canciones y
los trajes, así como el
tema del desfile. Para los
habitantes de las favelas,
la escuela de samba es un
centro de reunión y una
fuente de orgullo. El
carnaval es el punto
culminante del año y
constituye una especie de
reacción contra la miseria
y el anonimato cotidianos.*

Trances extáticos

Los suntuosos trajes (fantasías) necesitan horas de preparación. El carnaval de Río de Janeiro, un acontecimiento espontáneo que celebraban los negros de los barrios populares, fue recuperado por la sociedad blanca y se ha convertido en la principal atracción turística de la ciudad. No obstante, Salvador de Bahía, São Paulo o Recife son otras de las ciudades brasileñas que también festejan el carnaval.

DESPUÉS DE LA «BOSSA NOVA»

Hacia mediados de los años sesenta, la *bossa nova*
empieza a marchitarse y aparecen diversas tendencias.
Martinho da Vila, Wilson Simonal, Chico Buarque
y Benito de Paula inyectan sangre nueva a la
samba-canção; en la tradición de la canción protesta
latinoamericana, Geraldo Vandré propone canciones
comprometidas, los cantantes bahianos Gilberto Gil
y Caetano Veloso abandonan los ritmos cariocas y
fundan un movimiento con influencias del *rock'n roll*,
denominado *tropicalista*, con el que se identifican
especialmente las cantantes Maria Bethânia (hermana
de Veloso) y Gal Costa. Gil triunfa con *Louvaçao*,
Domingo no parque y *Aquele Abraço*. En 1968, el
presidente Arthur da Costa e Silva gobierna por la ley
del terror y censura todos los medios de
comunicación. Las fuerzas del orden anulan algunos
conciertos, y Gilberto Gil se exilia algunos años en
Londres.

A principios de los años setenta, el cantante
y guitarrista Milton Nascimento se vuelve hacia la
música de Minas Gerais, su patria chica. Dotado de una
espléndida voz en todo su registro,
compone, en colaboración con
su letrista Fernando Brant,
obras poéticas con armonías
inéditas que versionarán
músicos de jazz como Sarah
Vaughan, Stanley Turrentine
y Wayne Shorter. A partir de los
años ochenta se impondrán
cantantes más convencionales.
Un grupo de instrumentistas
formado por el saxofonista
Paulo Moura, el guitarrista
Egberto Gismonti, el
acordeonista Sivuca,
el multiinstrumentista
Hermeto
Pascoal y el
percusionista
Airto Moreira
crean una

■ «*Soy un niño y un
sociólogo, psicólogo,
matemático, místico,
bailarín, dentista,
poeta, etc.*»
                    Caetano Veloso

■ *Milton Nascimento
(abajo, a la izquierda)
tocó muchas veces con el
pianista Wagner Tiso,
amigo de la infancia. En
1966, Elis Regina graba
la sublime* Canção do Sal
*de Milton. Pese a ello, el
cantante no triunfará
hasta los años setenta.
Arriba, en la carátula
de uno de sus discos,
Caetano Veloso luce una
indumentaria muy
parecida a la de las
estrellas estadounidenses
del momento.*

fusión acertada al mezclar el jazz y los ritmos tradicionales de Brasil.

DEL «MENTO» A LOS «SOUND SYSTEMS»

En los años cuarenta, el *mento* emerge en Jamaica a partir de una amalgama de ritmos tradicionales, entre ellos los cantos de trabajo. Anecdótico y cercano al calipso, esta música, esencialmente rural, se tocaba con una guitarra e instrumentos fortuitos (sonajeros, raspadores y botellas golpeadas con un cuchillo). A finales de la década aparecen los primeros discos de *mento*, interpretados por grupos con influencias de las orquestas cubanas además del calipso, que incorpora vientos, piano, bajo y batería. Después de la Segunda Guerra Mundial, las grandes orquestas de baile se presentan en los clubes y los hoteles de la isla que acogen de buen grado este género musical.

A comienzos de los años cincuenta, el *mento* es destronado por el *rhythm'n blues* americano. Los bailes (llamados *blue dances*) se organizan en distintas regiones de la isla y en los guetos de Kingston. En sus *sound systems* (platinas portátiles con inmensos bafles que a veces se transportan en camiones), los *deejays (disc jockeys)* Clement *Coxsone* Dodd, Duke Reid *(The Trojan)* o King Tubby pinchan los éxitos americanos más calientes.

Con el auge del *rock'n roll*, música que desprecian, los *deejays* jamaicanos dejan de importar discos de Estados Unidos.

En Kingston se abren varios estudios para promocionar a artistas locales y graban los antiguos intérpretes de *mento*, entre otros.

■ *Después de la* bossa nova, *cantantes como Chico Buarque y Maria Bethânia (abajo), o incluso Djavan y João Bosco, se convierten en estrellas de la «MPB» (música popular brasileña).*

Al principio, éstos imitan a los cantantes de *rhythm'n blues*, y posteriormente, hacia mediados de los años sesenta, surge un estilo nuevo que marca los *backbeats* (tiempos débiles), que recibe el nombre de *ska*. En general, los grandes nombres del *ska* proceden de los guetos de Kingston como los Skatalites, uno de los principales grupos del momento, originarios de West Kingston. No obstante, también hay excelentes instrumentistas profesionales como los trombonistas Don Drummond y Rico Rodríguez, el saxofonista Roland Alphonso y el pianista Jack Mittoo, miembros de los Skatalites. Prince Buster *(Madness)* o Junior Smith *(Cool Down Your Temper)* protestan en sus canciones contra la desigualdad social y la degradación de las ciudades, abigarradas por el éxodo rural y aterrorizadas por los *rude boys* (jóvenes gángsters armados hasta los dientes). Por primera vez en la historia de la música jamaicana, los pobres y los desposeídos toman la palabra.

El *rock steady*, más lento y limpio, con la batería, la guitarra y el bajo marcados, sucede al *ska*. Este estilo debe su nombre a una canción de Alton Ellis titulada *Get steady rock steady*. Con una clara influencia de The Cables o Desmond Dekker y su orquesta The Aces, éste evoca, como el *ska*, la figura del *rude boy* y los problemas de los guetos, exacerbados por la llegada de nuevas masas de campesinos analfabetos.

EL «REGGAE», VECTOR DEL «RASTAFARISMO»

El *reggae* aparece hacia finales de los años sesenta con las canciones *Nanny Goat*, y más tarde *Do the Reggae* de Toots y The Maytals. El ritmo se vuelve aún más lento, los tiempos débiles son cada vez más marcados y predomina el bajo. A comienzos de los años setenta, el mundo descubre el *reggae* y al cantante Jimmy Cliff gracias a la película *The Harder They Come*, pero Bob Marley es sin duda quien se convierte en el máximo exponente de esta música. Los cantantes, que se expresan en la lengua vernácula

■ *Un apuesto Bob Marley antes de convertirse al* rastafarismo. *Ya miembro de los Wailers, aparece aquí vestido a la moda* rock'n roll *del momento, como otros muchos intérpretes de* ska *igualmente fascinados por artistas estadounidenses como* The Platters o Fats Domino.

■ *Jimmy Cliff (James Chambers), nacido en 1948, debutó como cantante de* ska *antes de evolucionar hacia el* reggae *(fotos de la izquierda e inferior). En África y en América del Sur, disfruta de un prestigio similar al de Bob Marley, con éxitos como* Wonderful World, Beautiful People, Wild World *o* Many Rivers to Cross.

jamaicana, siguen reivindicando sus lazos populares. Denuncian con vehemencia la pobreza, la injusticia y la violencia de los suburbios y propalan la ideología *rasta*.

Introducido en Jamaica a comienzos de siglo por el ideólogo Marcus Garvey, el *rastafarismo* preconiza el regreso a Etiopía —tierra bíblica y cuna mítica de las civilizaciones africanas—, el rechazo de los valores decadentes de Occidente *(Babylon)* y, de forma más espectacular, la adopción del pelo largo *(dreadlocks)* y el consumo de *ganja* (marihuana). Esta ideología, que realza los valores de la población negra, seduce a los *rude boys* y a numerosos músicos de *reggae* como Desmond Dekker, Bunny Wailer, Burning Spear, Gregory Isaacs, Pablo Moses y Ras Michael.

El percusionista *rasta* Count Ossie introduce en el *reggae* los tambores del *burru* (antiguo culto afrojamaicano convertido en música profana de los guetos) y el *repeater*, tambor solista del *nyabinghi* (facción militante de los *rastas*). Los ritmos *nyabinghi* serán extrapolados también a otros instrumentos. El *reggae* adopta también los ritmos *(riddims)* de las ceremonias *rastas* y de las iglesias *revivalist* (protestantes que creen en el Espíritu Santo y emplean tambores).

El carismático Bob Marley, convertido al *rastafarismo* en 1966, predica el pacifismo y la igualdad social y racial, fascinando con su mensaje apostólico a la juventud de distintos países. Hijo de un inglés —que le abandona después de su nacimiento— y de una jamaicana, crece en Trench Town, un gueto de Kingston. En 1960, a los quince años, forma un trío con Bunny Livingston (Bunny *Wailer*) y Peter Mc Intosh *(Tosh)*. En 1963, el grupo, con el nombre de Wailing Wailers, acompañado por los Skatalites, graba *Simmer Down* —una exhortación a la calma ante la violencia de los guetos— que

■ *Peter* Tosh *(Peter Mc Intosh)*, apasionado rasta, *fue el miembro de los Wailers más vehemente (foto de la izquierda). Popularizó la figura del* rude boy *en el* reggae. *Fue encarcelado durante un breve período por posesión de* ganja, *y en 1987 murió asesinado en su casa de Kingston durante un atraco.*

contribuye sustancialmente a su popularidad.
Después del éxito de su primer LP, *Catch a Fire*, con
sofisticados arreglos (1973), Marley inicia una
fulgurante carrera internacional y empalma un éxito
con otro: *Burning, Natty Dread, Rastaman Vibrations,
Exodus, Uprising, I Shot The Sheriff* (grabado por Eric
Clapton). Los grupos se multiplican, a menudo
acompañados en sus grabaciones por el tándem Robbie
Shakespeare (bajo) y Sly Dunbar (batería) y el *reggae*
se diversifica en un amplio abanico, desde el *roots*
(o *rasta*) más ortodoxo hasta un estilo romántico,
próximo a la *soul music*.

■ *Burning Spear, alias*
Winston Rodney, *es uno
de los intérpretes más
admirados del* reggae
roots *(o* rasta*), por
canciones como* Marcus
Garvey *o* Slavery Days.

■ *Marley, figura carismática y adulado por los jóvenes jamaicanos, vivió siempre según sus principios rastafaris. El mundo entero conserva la imagen de sus dreadlocks y de su tam (boina de lana con los colores amarillo, verde y rojo de África). Bajo la influencia de la ideología jamaicana, Marcus Garvey que defendía el regreso de los afroamericanos a África, los rastas veneraron siempre Etiopía y a Hailé Selassié, coronado en 1930 con el título del Negus Ras Tafari (Negus rey de reyes). En 1976, Marley se presentaba en concierto bajo una gigantesca efigie del Negus.*

■ *El Cheetah (a la izquierda), situado en la esquina de la calle 52 y la Octava avenida, debe parte de su éxito al promotor Ralph Mercado, hoy director de una de las agencias de* management *y compañía discográfica más florecientes de la salsa; y al deejay Izzy Sanabria, grafista de profesión que ilustró las carátulas de los discos de los Alegre All Star antes de fundar la revista* Latin New York.

EN NUEVA YORK: DEL «BOOGALOO» A LA SALSA

En 1960, Fidel Castro toma el poder en La Habana y Estados Unidos rompe sus relaciones diplomáticas con Cuba. Cuando Castro anuncia abiertamente que simpatiza con el marxismo, numerosos músicos cubanos emigran a Estados Unidos y popularizan las *charangas* (orquestas de flauta y violines). A pesar de este nuevo influjo, los músicos latinos de Nueva York, a partir de ahora privados de sus contactos cubanos, vuelven la mirada hacia los ritmos puertorriqueños y afroamericanos, en busca de inspiración.

En la euforia de los años sesenta,

■ *Ray Barretto (abajo, a la izquierda, el artista en plena acción) debutó en las jam-sessions de Harlem con be-boppers. También acompañó a los músicos latinos y de jazz. Pasó de la* charanga *al* latin soul *y luego a la salsa, y hoy dirige un excelente grupo de jazz latino, en constante evolución.*

los creadores del *boogaloo* y el *shing a ling* acuden
a Nueva York como abejas a la miel. Gracias
a esta amalgama de *son* cubano y *rhythm'n blues*,
éstos entusiasman a los jóvenes puertorriqueños
con sus letras en *spanglish*, un argot que aúna
el inglés y el español y que refleja la realidad de los
barrios.

Hacia finales de los años sesenta, las minorías
étnicas estadounidenses vuelven a cuestionar su
marginalidad y reivindican sus derechos de plena
ciudadanía. Esta toma de conciencia política y
cultural lleva a los latinos neoyorquinos a volverse
hacia un estilo de vida más auténtico y más próximo
a sus raíces. Conocida al poco tiempo con el nombre
de salsa, esta nueva música exalta el amor, la
musicalidad de la raza negra y la belleza de la patria
(Cuba o Puerto Rico) y expresa la dureza de la
calle, infestada de droga y gángsters.

La salsa hace su debut en el hotel
Saint-George de Brooklyn, donde los
Lebrón Brothers, de origen puertorriqueño,
entusiasman al público. El Cheetah, club
de Manhattan, sustituye al Saint-George
como punto de encuentro de los salseros
neoyorquinos, y con el éxito de esta música,
los latinos de Nueva York recobran los
valores de identidad y su orgullo. En los
comienzos de los años sesenta, Ray Barretto,
Willie Colón, Eddie y Charlie Palmieri, de
origen puertorriqueño, y el flautista Johnny
Pacheco, nacido en Santo Domingo, son los
principales exponentes de esta música.
Machito, Tito Puente y la cantante cubana Celia
Cruz se unen a la corriente de la salsa y
aparecen nuevas estrellas como los cantantes
Pete *El Conde* Rodríguez, Cheo Feliciano,
Justo Betancourt, Héctor Lavóe e Ismael
Miranda, capaces de improvisar las letras en
público, siguiendo la tradición del *son* cubano.
Rubén Blades, nacido en Panamá, se asocia
con Willie Colón y, más tarde, a finales de los
años setenta, prosigue su carrera en solitario.
Sus canciones sofisticadas (*Juan Pachanga*,

■ *Celia Cruz, bautizada
como «la guarachera de
Cuba» en los años
cincuenta, ya era famosa
en La Habana antes de
trasladarse a Estados
Unidos. Durante los años
setenta consiguió
culminar con gran éxito
su reconversión a la
salsa.*

Plástico, *Buscando América)*, sacan la salsa del barrio neoyorquino, extendiendo su temática por toda América latina.

Los grupos de salsa proliferan en Nueva York y Puerto Rico así como en Venezuela y Colombia. Desde los años cincuenta, en Puerto Rico —marcado mucho tiempo por la variante americana a causa del turismo—, los cantantes Rafael Cortijo e Ismael Rivera ensalzan la música negra de la isla y dan a conocer la salsa. Los grupos locales, como los de Willie Rosario, Bobby Valentín o Roberto Roena, La Sonora Ponceña (dirigida por el gran pianista Papo Lucca) o el Gran Combo, rivalizan con los de Nueva York. La influencia de la salsa en Venezuela, Colombia y en otros países de América latina continental pone de relieve que la salsa no es únicamente una música de gueto sino una forma de expresión reconocida, una suerte de *lingua franca* que une a todo el universo afrolatino.

■ *Ismael Rivera (arriba) es una de las mejores voces de la música afropuertorriqueña.*

EL MERENGUE SALE A RELUCIR EN LA SALSA

A finales de los años setenta, la salsa empieza a impregnarse del éxito de lo comercial, aunque el merengue dominicano, impetuoso y fácil de bailar, le aporta un nuevo vigor. La importante colonia de dominicanos afincada en la Gran Manzana en el curso de la década lo baila desde el principio en los clubes de Little Santo Domingo, barrio situado al norte de Manhattan. El merengue se introduce en la salsa, ganándose así a toda la comunidad latina de Nueva York y de Puerto Rico, donde, tras un huracán devastador, numerosos dominicanos buscan refugio a principios de los años ochenta.

A mediados del siglo XIX, en Santo Domingo, el merengue destrona a la *tumba*, de origen europeo, escandalizando a las mentes bien pensantes por sus letras descaradas, sus parejas estrechamente enlazadas y sus sugestivas contorsiones. La región de Cibao se convierte en el bastión del *merengue ripiao*, el merengue rural que se acompaña con acordeón, *tambora* (tambor bimembranófono) y *güira* (rascador metálico). El dictador Radamés Trujillo (1930-1961) respalda a ciertas orquestas de merengue como la

Santa Cecilia, dirigida por Rafael Alberti (autor de
temas inmortales como *El sancocho prieto* y
Compadre Pedro Juan).

Durante los años setenta, el cantante y bailarín
Johnny Ventura y el trompetista Wilfrido Vargas
imponen un merengue desenfrenado, muy
humorístico y pícaro, con brillantes coreografías.
Inspirándose en géneros musicales como el *zouk*, el
highlife ghanés, el *rap* o el *soukous* zaireño, Vargas
inyecta sangre nueva al merengue. Aparecen grupos
femeninos (Millie y sus vecinos, Las chicas del can)
y en los años ochenta, el cantante Juan Luis Guerra
presenta un merengue con letras y arreglos
sofisticados *(Bachata rosa)*.

■ *En las campañas de la
República Dominicana,
el merengue ha
conservado su carácter
africano, a pesar de la
presencia del acordeón,
importado de Alemania
en el siglo XIX. En África
oriental se pueden
encontrar tambores
parecidos a la tambora
(que se golpea con la
mano derecha con una
baqueta), como puede
verse en el cuadro
inferior.*

Desde hace unos quince años, los sintetizadores y otros instrumentos electrónicos invaden América del Sur. Este despliegue de *high tech* da lugar, por un efecto bumerán, a un retorno a las raíces africanas, amerindias o europeas. Se dibuja también un ecumenismo musical que revela un deseo de entendimiento entre los pueblos de las Américas y una fraternidad que derriba las barreras artificiales erigidas por la colonización.

CAPÍTULO V
«FUNK», «TECNO» Y EL RETORNO A LAS RAÍCES

■ *Dos nombres de primera fila de la canción antillana: a la izquierda, el tórrido Francky Vincent —considerado como el crooner del zouk— en un baile pegado-apretado, según la expresión criolla; a la derecha, la sensual Tanya St Val.*

Y AHORA TODOS A «ZOUKEAR»

El *zouk*, creado por el grupo Kassav', se considera hoy como el nuevo emblema de la música de las Antillas francesas.

Durante los años setenta, la Martinica y la Guadalupe absorben el *compas* haitiano, la *cadence-lypso*, híbrido creado por Gordon Henderson en la isla Dominica, así como la salsa en su variedad europea y americana. No obstante, algunos músicos antillanos aspiran a formas de expresión más personales.

Hacia 1978, el pianista de la Martinica Marius

■ *Kassav' (abajo), líder indiscutible del zouk, fue fundado en 1979. Se presenta en el mundo entero acompañado de la carismática vocalista Jocelyne Béroard.*

■ *«Hay que escuchar a Kassav' tal como se escucha el crisol que abarca todas las músicas*

Cultier introduce la palabra *zouk* en uno de sus discos. Unos años más tarde, Kassav' —fundado en París por tres músicos de estudio: Jacob Desvarieux, Georges Décimus y Pierre-Édouard Décimus— implanta el *zouk* como género musical. El vocablo proviene de *mazouk* («mazurca» en criollo), y por derivación designa también un baile popular. En las Antillas, *zouker* se ha convertido en sinónimo de «bailar».

Kassav' presenta una música avanzada desde el punto de vista técnico, lo que contrasta con la escasa

del mundo. [...] De ahí que tantos artistas en el mundo y tantas poblaciones puedan identificarse con la frase musical de Kassav': esta polirritmia alegre, esta métrica encantada por una contramétrica desmesurada que huele a buena comida tropical.»
Patrick Chamoiseau

profesionalidad de algunas producciones antillanas del momento. Orquestada con sintetizadores y vientos, conserva la cadencia de base del *biguine*, al tiempo que incluye los *riffs* de salsa y de *funk*, además de elementos propios de los ritmos tradicionales de la Martinica y de Guadalupe (*bélé* y *gwoka*).

En la onda expansiva de Kassav', otros artistas antillanos se imponen también tanto en las islas como en la metrópolis: el grupo Zouk Machine, los cantantes Edith Lefel, Ralph Thamar, Tanya St Val, Eric Virgal, Francky Vincent y Joëlle Ursull.

■ *Las cantantes de Zouk Machine (abajo), grupo formado en Guadalupe en 1986, se inspiran en el soul y defienden la liberación de la mujer antillana. Miembro del trío desde el principio, Joëlle Ursull continúa hoy con su carrera de solista.*

EL «DUB» Y EL «RAP» LATINO

En 1981, la muerte de Bob Marley eclipsa la buena estrella del *reggae* para dejar paso al *dub* y sus variantes, el *dancehall* y el *ragga*. En los años cincuenta, los *deejays* jamaicanos, inspirándose en los vehementes sermones de las iglesias evangelistas, empiezan a hablar con una base de ritmo *(toaster)* en la cara B —instrumental y remezclada— de algunos éxitos para estimular el ímpetu de los bailarines. Después de Count Machouki y Sir Lord Comic, *toasters* de finales de los años cincuenta y principios de los años sesenta, llegan Big Youth y I Roy, y más tarde Yellowman, que se inclinan por letras obscenas y provocadoras. Paralelamente, se desarrolla el concepto de «versión» (interpretación y recreación) de un éxito. Este estilo de *rap*, denominado *dub*, se introduce en Inglaterra, donde da origen (gracias sobre todo a Linton Kwesi Johnson, Benjamin Zephaniah y Mutabaruka) a la poesía recitada con elementos rítmicos *(poetry dub)*.

En 1985, *Under Me Slenf Teng* de Wayne Smith inaugura la era del *reggae* digital, compuesto con sintetizadores o utilizando la técnica del *sampling* (recuperación de fragmentos de otras músicas). El *raggamuffin* o *ragga* (de la palabra *raggamuffin*, «harapiento»), *rap* sobre ritmos de *reggae* y su variante el *dancehall*, con letras también muy lascivas, se impregnan del *hip hop* estadounidense. El *dancehall* toma prestados ciertos ritmos de los cultos afrojamaicanos. Shabba Ranks, Cocoa Tea, Red Dragon o Tiger imponen sus textos provocadores, declamados a ráfagas, y sus poses de *bad boys*.

El *rap* latino, pariente del *dub*, invade así toda América latina y el Caribe. Los raperos puertorriqueños en Estados Unidos, los colombianos en Cartagena, los brasileños en Río, Bahía (donde el percusionista y cantante Carlinhos Brown conjuga el *rap* y los ritmos bahianos) o São Paulo, apuestan con vehemencia por el *rap* con letras en español, *spanglish* o portugués. El dúo puertorriqueño Latin Empire, oriundo del Bronx, evoca las peripecias de la vida cotidiana en *Así es la vida*. En Haití y en las Antillas francesas, los *deejays* expresan sus propias preocupaciones rapeando en criollo. En Cuba aparecen igualmente varios grupos de *rap* como Amenaza, entre otros, y a partir de entonces en La Habana se organiza un festival de *rap*.

■ *Shabba Ranks (abajo), locuaz y megalómano, aficionado a los temas sabrosos, se ha impuesto en el plano internacional como el rey del ragga (fusión entre el* reggae *digital y el* rap*). «Nací* ragga *y no me he criado para ser un* raggamuffin*, porque he nacido en un país con un ambiente social muy duro, en la injusticia.»*

«SOCA», «SONGO», «BACHATA»: UNA CONSTANTE RENOVACIÓN

En los años ochenta, en Trinidad, bajo la influencia de la música disco, el calipso se transforma en *soca*, música de baile desenfadada y comercial con letras relativamente insulsas, y a menudo desprovista de humor y en absoluto contestataria. En los años setenta, en Cuba,

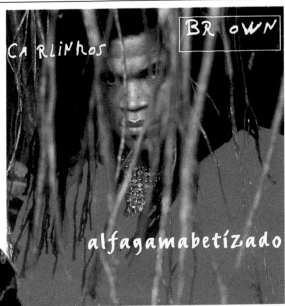

CARLINHOS

BR OWN

alfagamabetízado

■ *El cantante y percusionista Carlinhos Brown (a la izquierda), nuevo ídolo de la música bahiana, ha grabado con músicos de jazz estadounidenses. Combina el* rap *y los ritmos* afoxés.

■ *Los Van Van (abajo), pioneros del* songo, *son una de las* charangas *actuales más cotizadas de Cuba. Fundada por el bajista Juan Formell, obtiene un gran éxito en los años setenta, con* Aquí se enciende la candela, Pastorita tiene guararé, Qué palo es ése *y* Chirrín-Chirrán.

■ *Desde finales de los años setenta (carátulas a la izquierda), han surgido numerosos raperos latinos en Estados Unidos. En Nueva York destaca sobre todo el dúo puertorriqueño Latin Empire; en la Costa Oeste, los raperos chicanos (de origen mexicano) Kid Frost (a la izquiera, arriba) y Mellow Man Ace. Los raperos se inclinan a expresarse en spanglish (argot que mezcla el español y el inglés), y en lengua barriobajera mexicana, en la Costa Oeste.*

■ *I Roy (carátula de arriba) es con King Tubby, U Roy o Dillinger, uno de los famosos deejays jamaicanos que experimentaron con el dub, género de rap sobre ritmos de reggae, que ha influido en gran medida en el movimiento de hip hop americano.*

Changuito, el extraordinario percusionista del grupo Los Van Van, se inspira en la música *yoruba* para crear un ritmo al que bautiza con el nombre de *songo*. Los cubanos refugiados en Estados Unidos en 1980 lo propagan por este país y también en Cuba; el *songo*, más suelto y nervioso que la salsa puertorriqueña o neoyorquina, se convierte en el ritmo predilecto de los grupos cubanos actuales (NG La Banda, Dan Dén, David Calzado).

Hoy, la *bachata* se impone en la República Dominicana con intérpretes como Leonardo Paniagua y Luis Segura. Este género de canción romántica, aunque a menudo machista y abiertamente sexual, surge a principios de los años sesenta en los suburbios de la capital. En los años noventa, Juan Luis Guerra pone de moda esta música, durante mucho tiempo considerada marginal y propia del populacho, con el tema *Bachata rosa*. En la actualidad, la *tecno-bachata*, orquestada por sintetizadores, está en plena evolución.

Frente al fenómeno comercial por el que atraviesa la música latina y caribeña y la invasión de la tecnología, numerosos músicos se repliegan en las raíces tradicionales.

En Bahía, Gilberto Gil se entusiasma con el *reggae* que, a sus ojos, simboliza la unidad del pueblo negro y la vitalidad de la cultura africana, y en Río de Janeiro aparece la *samba-reggae*. También en Bahía, otros músicos reconstituyen grupos de *chôro* (género de origen portugués surgido en Río a finales del siglo XIX y luego difundido por el noroeste). Los *afoxés* y los *blocos afro* (grupos carnavalescos que se inspiran en los ritmos del *candomblé*) experimentan un nuevo auge. En 1975 se reorganiza el *afoxé* Filhos de Gandi y, a partir de entonces, grupos de inspiración africana (Ilé Ayé, Ara, Ketu, Olodum) pasean todo su esplendor por el carnaval. Luis Gonzaga y Geraldo Azevedo han devuelto el honor al *forro*, música campesina del Sertão, que

■ *Gilberto Gil (abajo), nacido en 1942 en Bahía, ha cambiado el curso de la música* pop *brasileña al fundar el movimiento* tropicalista. *Sus comienzos estuvieron marcados por la influencia de Luis Gonzaga y João Gilberto. Exiliado algún tiempo en Londres a principios de los años setenta por sus letras consideradas subversivas, triunfa en Brasil en 1976 con* Refazenda *y desde entonces siempre ha ocupado un lugar de honor en el escenario musical.*

se acompaña con una *sanfona* (acordeón), triángulo y *zabumba* (cajón de resonancia). El *xote*, procedente del escocés *(scottische)*, también se recupera del olvido.

En Haití, tras la caída de los Duvalier, el movimiento *rasin* (de «raíz») adquiere un auge considerable con grupos como Boukman Ekspeyrans (de Boukman, nombre del esclavo rebelde que a finales del siglo XVIII dirigió las insurrecciones contra los franceses). Interpretando ritmos vudús con sintetizadores, Boukman Ekspeyrans ha vuelto a dar carta de nobleza al criollo, durante mucho tiempo menospreciado por la clase media.

En los años setenta, la isla de Guadalupe redescubre el *gwoka* (*gros ka*, de *ka*, «cuarto», nombre de un tambor hecho con un barril), antigua música de los esclavos y los negros, relegada en tiempos al rango de *mizik a vié Nèg*, y la Martinica el *bélé*, emparentado con el *gwoka*. Por su parte, el percusionista Dédé Saint Prix y Max Cilla, instrumentista de flauta tradicional de bambú, vuelven a hacer *chouval bwa*, un género musical que se tocaba en los antiguos tiovivos.

En Cuba y Nueva York, los ritmos tradicionales de origen africano gozan de un éxito renovado, mientras en Puerto Rico, los músicos jóvenes combinan antiguos géneros como la *bomba* y la plena con el jazz. En Buenos Aires y Montevideo, cantantes e instrumentistas interpretan otra vez el candombe y la milonga. En Venezuela, algunos grupos como Guaco tocan los ritmos de las cofradías negras de la costa. En la costa colombiana del Pacífico, algunas orquestas dotan al *currulao* (género tradicional afrocolombiano) de un registro comercial, mientras en Perú,

■ *En la América negra, el tambor actúa de mensajero entre los hombres y los dioses. Arriba, un tambor mina, de la región de Barlovento, en la costa de Venezuela. Abajo, tamborileros de la cofradía de San Benito.*

■ *Las descargas (improvisaciones) de percusión son fundamentales en la música cubana. La conga, utilizada en la rumba brava y en la música popular, proviene del Congo, como su nombre indica. Antiguamente, los músicos afinaban sus tambores disponiendo la piel cerca de una fuente de calor (por ejemplo una vela). El conguero cubano Patato Valdés ha generalizado el uso del sistema de tensión con la ayuda de claves metálicas. En la rumba brava, que se toca con un conjunto de tres congas de diferentes tamaños, uno de los tambores marca el ritmo de base, el segundo el contrapunto rítmico y el quinto (conga aguda) improvisa.*

instrumentistas y cantantes adoptan, modernizándolos a veces, la marinera, la cueca, y otros ritmos mestizos de antaño.

Las músicas latinoamericanas extraen su vitalidad de esta oscilación continua entre la tradición y la modernidad. Siempre vinculadas a las antiguas y sustanciales corrientes, y acogiendo ideas nuevas a la vez, éstas son una fuente fecunda de la que el mundo actual, en ocasiones hastiado de la variante anglosajona, no cesa de beber.

TESTIMONIOS
Y DOCUMENTOS

LA MÚSICA TRADICIONAL DE LOS ANDES

Para los amerindios, la música, investida de poderes sagrados, ha estado permanentemente vinculada al cosmos y a los ciclos solares y lunares. Siempre vigorosa en el Altiplano, se toca sobre todo en las ceremonias agrarias y en los rituales destinados a favorecer la pesca, así como en las fiestas patronales. Asimismo, los incas tocaban música en las cuatro grandes fiestas anuales dedicadas al sol: las de los solsticios y las de los equinoccios.

Las danzas de los diablos

En numerosas comunidades indias o negras de América latina, la figura del diablo encarna la libertad, la rebelión contra el colonialismo y el anticonformismo. El diablo, cuya danza y música magnifican los poderes catárticos, en ocasiones permite a los hombres marginados recobrar de nuevo su orgullo e identidad, y trastrocar temporalmente un sistema alienante y opresor.

Tras la conquista aparecieron importantes movimientos milenaristas en la región de Chanka (Huancavelica, Ayacucho, y en una parte de Apurimac y Arequipa). Surgida en Huamanga entre 1560 y 1570, el *Taqui Onquoy*, enfermedad del canto y de la danza, tiende a propagarse por toda la sierra. Se decía que muertos de los *huacas* [lugar sagrado donde se enterraba a los antepasados] habían resucitado y se habían unido para combatir el Dios de los cristianos. Éstos se encarnaban en los hombres que bailaban, presa del

■ *La danza de los diablos, en Paucartambo, en los Andes peruanos.*

éxtasis, apelando al regreso del antiguo orden. Los españoles emprendieron una dura campaña contra estos enviados del diablo. Así, el cura Cristóbal de Albornoz mandó castigar a más de 8.000 indios y ordenó destruir todas las *huacas*.

Sin embargo no pudo erradicar el canto del agua y de las cascadas, esta música del diablo y de los espíritus que surgía de las entrañas de la tierra y de las montañas para transmitir su fuerza y su magia.

Todos los Viernes Santos, los diablos bailan porque están contentos. Cristo ha muerto, la vía está libre, y los antiguos dioses vuelven a tomar posesión del mundo. Ese día, bailarines y músicos ensayan en un lugar secreto para festejar su retorno. Y los mejores harán un pacto con el *Huamani* [espíritu de la montaña] que los protege y los acompaña a cambio de su vida. «Su cuerpo está imbuido de la fuerza diabólica y pueden realizar pruebas como lanzarse desde lo alto de las torres, o bailar sobre el arpa como una pluma. Están poseídos por un

extraño poder, no en vano son los bailarines del diablo.» Y por los dedos de los músicos corre, como por encanto, la música del agua, el canto de los antiguos dioses.

Máximo Damián
El violín de Ishua

El «huayno»

El género musical más popular de los Andes, el huayno, *existía ya en los tiempos de los incas y hoy se ha difundido en el medio urbano.*

Sus letras se escriben en español o en quechua. Cantan al amor, a la política, al ciclo de la existencia, a la belleza de la ciudad natal, a los animales y a las flores. Pueden oírse durante las fiestas y conciertos de *huayno*, en la radio y en discos. Su estilo, fácilmente reconocible, los distingue de la música propia de los rituales andinos y las fiestas estacionales. Flauta, trompeta, flauta de pan, violín, arpa, mandolinas, *bandora*... de hecho, cualquier instrumento imaginable puede acompañar el *huayno* en los Andes. Aunque al oído occidental esta música pueda parecer triste, nostálgica, o soñadora, los pueblos andinos la sienten de forma distinta. Para ellos es la música de todos los días, el medio de expresar sus alegrías y sus tormentos, su poesía y su identidad cultural. El *huayno*, una amalgama de música indígena de Perú y música colonial española, es la forma de expresión más genuina de los Andes... En los pueblos de la sierra, con frecuencia uno puede toparse con grupos de hombres y mujeres andinos que beben cerveza o chicha ante una pequeña tienda tras su jornada de trabajo, y bailan en la calle al son de los *huaynos* que se escuchan en la radio.

John Cohen
Huayno Music of Peru

CARLOS GARDEL, FIGURA MÍTICA DEL TANGO

Un halo de leyenda envuelve la biografía de Carlos Gardel. Nunca un cantante de tango fue objeto de tantas controversias y tantas pasiones. Aunque algunos argentinos y uruguayos afirman que el cantante era oriundo de Montevideo, lo cierto es que Charles Romuald Gardel nació en Toulouse el 11 de diciembre de 1890, fruto de las relaciones entre Berthe Gardès, una planchadora y lavandera de oficio y de un padre desconocido.

La juventud de Gardel

El 9 de marzo de 1893, Berthe Gardès llega a Argentina con su hijo de dos años y su amiga Marie Ducassé y Etienne, hijo de esta última. Algunos libros refieren que Gardel vivió primero en Uruguay, que estudió en el colegio San Estanislao, y que un payador con el que se encontró en una pulpería local (una suerte de bar de comidas donde se reunían los músicos) le inició en la música. No obstante, según otras biografías, Berthe Gardès se instala en Buenos Aires, en un conventillo (conjunto de edificios con un patio y baños comunes) del Abasto, barrio popular de los mataderos.

El francesito, apodo por el que se le conocía, prefiere la calle a la escuela, así que se dedica a hacer pequeños trabajos además de cometer pequeños hurtos. Pero lo que realmente le apasiona es la música. Su madre, lencera del teatro Politeama, lo lleva a escuchar cantantes de ópera y Carlos se inspira también en algunos payadores. A cuestas con su guitarra, se presenta en los almacenes (sinónimo argentino de pulperías), bares y fiestas locales donde muy pronto se le empieza a conocer como el Zorzal por su espléndida voz.

En 1913, forma un dúo con el cantante y guitarrista uruguayo José Razzano. Ambos se promocionan en Armenonville y en otras salas de Buenos Aires y Montevideo, y realiza numerosas grabaciones hasta 1925.

«Mi noche triste»

En la época de la Guardia Vieja se cantan también algunos tangos. Pero

■ *Peinado con gomina (a la izquierda) o tocado con un panamá (a la derecha), la sonrisa de una estrella.*

las letras son como un remiendo torpe, pueril, a menudo grosero y siempre de poca calidad. Las únicas letras dignas de mención son las de *La morocha* (1905), de Ángel Villoldo, con música del violinista Enrique Saborido. No obstante, el texto es comedido, ingenuo, insípido, escrito con la intención de no amedrentar a nadie, lo que no se corresponde en absoluto con el mundo inquietante y perturbador del tango.

Gardel, que conoce y ama ya el tango, no podía cantar este tipo de textos. Puede decirse que esperaba —a sabiendas de que iba a llegar— que el tango encontrara unas letras a su medida, que lo arroparan, para darle una dimensión nueva. Así, cuando se produce el acontecimiento, Gardel trastoca su discurso y sus formas y se vincula al tango para siempre.

El acontecimiento es *Mi noche triste*, con letra de Pascual Contursi y música del compositor Samuel Castriota. Un drama íntimo resumido, con personajes emotivos y creíbles, con un decorado realista y significativo y dotado de un lenguaje que aúna con acierto el lunfardo y la lengua vernácula. Pero más allá del simple tango que Contursi cantaba en Montevideo, el verdadero acontecimiento es que lo canta Gardel, que el texto de *Mi noche triste* se ve ensalzado, sublimado, como dotado de una nueva fuerza, hasta el punto de confundirse con la música que lo sostiene, gracias a una voz que parece hecha tan sólo para interpretar el tango.

El 14 de octubre de 1917, en el teatro Esmeralda de Buenos Aires, Gardel canta por primera vez en público *Mi noche triste*, su primer tango.

Así se abre la nueva vía del tango; es el comienzo de la Guardia Nueva, un período de transformación total del tango que va a personalizarse y convertirse en un género musical diferente de los otros y con características perfectamente definidas.

Sergio González
«Carlos Gardel, la voz del tango y mucho más»

Gardel, el personaje
El escritor Ramón Gómez de la Serna nos transmite sus impresiones de Gardel en forma de elogio fúnebre.

Carlos Gardel se fue impresionado de nocturnidades de Buenos Aires y llegó a estar macerado de sentimentalismo.

No tenía nada de compadrito [término diminutivo y peyorativo de compadre que designa al individuo de porte y maneras arrogantes que se las da de caballero sin tener los medios de serlo]; era el gaucho bueno y todos le pedían eso que allí se llama una gauchada, y que es un servicio generoso y desinteresado: «Haga una gauchada. Déjelo y véngase a cantar tangos a La Boca [barrio genovés de Buenos Aires, situado cerca del puerto].» Y Carlos Gardel, buen amigo, hombre noble que sabía que hay que llorar la vida antes de perderla, hacía la gauchada de irse con los amigos en una noche de farra, a comer chinchulines y a beber vino tinto, para cantar después entre el acune de las guitarras.

Estaba entre su noche de Buenos Aires y las noches de Montevideo cuando vinieron a buscarle para París; y en el verano de 1931 se despedía en Buenos Aires en el Broadway, con un tango en el que lloraba su viaje.

El Rey del tango rodó *Luces de Buenos Aires*, la única película, que he visto suspender en un cine de nuestro Madrid para que se repitiese su tango *Tomo y Obligo*, lleno de consejos amargos, pero con el consuelo del hombre a hombre instándole a beber para olvidar.

Se le veía andar bajo las luces del cinema, deslumbrado, humano, sin excesos de actor, llevando su canción en el alma, esperando con paseos lentos la hora de lanzar su tango vivificado de la película, voz del corazón

herido, conmovedora alocución a los borrachos.

Así Gardel tomó parte en *Espérame*, *Melodía de arrabal*, *Cuesta abajo*, *El tango en Broadway*, *El día que me quieras* y *Tango bar*.

Era el varón del tango, en contraste con la mujer del tango, el hombre probo, adolorido que sabe meditar sus desengaños.

El tango, que tiene algo de baile, canto y música de funeral, sigiloso

alrededor del cajón en que está el ser del cuerpo presente, acompaña bien la tristeza por la pérdida del propio tanguista.

En el tango hay unas últimas burbujas del ahogado, un poco de voz de agonía.

La voz de Gardel era una herida en su rostro, y nos acordaremos siempre de su expresión llagada.

El tango tiene una significación oportuna y por eso hay un tango que cada uno puede aplicarse y hay tangos que alejan y tangos que acercan, tangos para el día del deshaucio y tangos para el día del amor.

El tango se encoge y estira y podríamos decir que está cardíaco, como casi todos lo solemos estar.

Después de esta sesión necrológica, tan sobre la frescura de las rosas de sus coronas, parece que Carlitos ve en mayor descanso, con más perspectivas, los caminitos por los que ve venir a su *morocha* [morenita, de tez oscura. Apelación afectuosa. También es el título de una famosísima milonga] con diadema de una cinta azul.

Ya sólo podrá repetir sus tangos en victrolas o radios que digan sus discos en el archivo de lo retrospectivo; en la vida encendida de vida, sólo oiremos sin su voz viva las músicas de sus tangos.

No podrá inmiscuirse en la orquesta, pero la orquesta pensará en él cuando se encuentre sin las palabras pastosas, profundas, que leía su voz en la memoria.

Descanse en paz el tanguero ilustre, el Rey del tango, camarada en noches que no vivimos al par que él, pero que han quedado como vividas en nuestro recuerdo de sus películas.

Volvamos atrás los viejos filmes para encontrarnos otra vez a Gardel, agobiado de tangos, pronto a mitigar penas cantando penas con el prosaísmo emigrante e inigualable del tango.

Muchos años han pasado desde esa sesión de radio, pero nunca se le olvida y crece su estatura mientras la voz de los tanguistas canta el último tango que le han dedicado estos días y en el que le suponen resucitado en la edad que tendría en el presente:

Me hubiera gustado verte
Carlitos Gardel añoso,
con el cabello canoso...

Ramón Gómez de la Serna
Interpretación del tango

REVUELTA Y COMPROMISO POLÍTICO

En los años sesenta se da en todo el continente americano un fenómeno excepcional por su amplitud, el de la canción comprometida; canción protesta, nueva canción, o nueva troba en Cuba. Este nuevo género de canción latinoamericana, a menudo de inspiración marxista, con frecuencia se confunde también con la canción folk.

Atahualpa Yupanqui, la tierra y el silencio

Yupanqui extrae su materia prima de la cultura andina, que ha absorbido intensamente y que ha evocado en numerosas canciones.

Él [Atahualpa] cuenta que vivió unos cinco años en una región argentina situada en una ladera de los Andes, en la frontera con Chile y Bolivia. En este lugar hay numerosas aldeas indias que no tienen más de 60 a 80 habitantes. Estuvo con ellos, aprendió la lengua quechua y observó sus ritos, como por ejemplo la forma en que cortaban un árbol con un hacha. Antes de abatirlo, el hombre lo tantea como si quisiera apreciar el espesor de la madera. Al menos es lo que cree o imagina un mero observador. Ahora bien, nada más lejos de eso. Lo toca porque va a matar a un hermano. Lo acaricia, lo abraza como si quisiera medir su diámetro, pero no es eso. Él le dice adiós, y Yupanqui puntualiza: «El ritual traducido del quechua significa esto: "no me condenes, hermano. Hago esto porque el patrón me lo ha mandado, porque he recibido la orden". Así es el ritual. Y su hacha empieza a trabajar sobre el algarrobo, el quebracho o cualquier otro árbol para abatirlo...»

Cuando se le pregunta por el silencio de los indios, que a veces extraña un poco al observador, responde: «El hombre no se calla porque no tenga nada que decir. Al contrario, tiene mucho que decir, pero no quiere hablar. Piensa que las palabras se diluyen cuando se dicen en una conversación y que pierden su fuerza y su significado.»

■ *Atahualpa Yupanqui, cantor de la cultura india (a la izquierda).*

Para el indio, las palabras poseen una gran fuerza persuasiva. Es la manera de justificar su presencia en la tierra. Cuanto menos hable mejor, porque así capta, sin tratar de comprender, la diferencia que existe entre concepto y palabra, entre idea y opinión, entre discurso y relato. Piensa que no debe perderse con las palabras. Parece que el indio sea el autor del proverbio que dice: «Cuando hables, haz de modo que tus palabras sean mejor que tu silencio.» Sin embargo, él no ha inventado este proverbio; viene de lejos, de Oriente, pero lo ha aplicado toda su vida, a lo largo de todas las generaciones de gente de su raza, su lengua y su pensamiento.

Françoise Thanas
Atahualpa Yupanqui

Chile y el exilio

Tierra musicalmente fecunda,
lastimada por las ansias de la dictadura,
Chile ha nutrido con sus fermentos a
artistas como Víctor Jara y Violeta
Parra, figuras representativas de la
nueva canción latinoamericana y
símbolos de la resistencia frente a la
opresión para numerosos chilenos
en el exilio.

Los cantantes y músicos pertenecientes al movimiento de la nueva canción chilena forman un grupo de creadores variopinto, aunque unido por una misma pasión, la de la música, y por un mismo ideal, el de la libertad.

Creemos que la trágica ruptura que se operó en la reciente historia de Chile —su brusco paso de la difícil edificación de una sociedad socialista a una etapa de represión política sin piedad, tanto para los chilenos que se quedaron para luchar contra el régimen como para los chilenos refugiados y enfrentados a una supervivencia dramática al otro lado del mundo— ha aportado, en el plano de la creación artística, una percepción nueva de las exigencias del arte musical político.

La actitud ofensiva, enriquecida por el contacto permanente y fecundo de un pueblo que lucha en la vida cotidiana por la edificación de una sociedad justa, dio paso, con sangre y cenizas, a la génesis de una actitud que, si bien no era completamente defensiva, al menos llamaba a una situación de resistencia. Resistencia, pero también creación, ya que el arte debe sobrevivir y prolongarse si no quiere morir.

Pero el exilio también se corresponde con el final de una época, con la presentación de un balance. Es el momento en que el observador puede discernir, a través de las numerosas preferencias de los artistas, lo esencial de lo accesorio, lo fundamental de lo superfluo. Es también la deuda que se paga a los mayores, el reconocimiento que se demuestra a aquellos que han tenido genio suficiente para dejar una huella. Es la obra en la que se inspira, la obra que se ha hecho renacer y que se prolonga en el seno de una creación nueva, como para impregnarse —en el sentido más etimológico del término— del ejemplo y la esperanza que destilan las obras más antiguas.

Bernard Bessières
La nouvelle chanson chilienne en exil

BOB MARLEY, EL DIOS DEL REGGAE

La muerte prematura de Bob Marley le convirtió en la figura emblemática de la música jamaicana, como ocurrió con Carlos Gardel y el tango. Desde su conversión al rastafarismo, *Marley vivió durante toda su vida de acuerdo con sus principios religiosos, haciendo del* reggae *la música de Jah, el dios* rasta. *Su misticismo, sus desvelos por la paz mundial y la igualdad social, así como su talento, lo transformaron a los ojos de los jamaicanos en un verdadero apóstol.*

África, tierra mítica
Bob Marley, de origen jamaicano, proclamó en voz alta toda su vida sus lazos con África, la tierra de sus antepasados.

«Mi orientación, mi objetivo último es la unidad de África. Cuando llegue ese momento, la gente mirará atrás y se dirá que todo eso tenía un por qué. Ante todo soy un *rasta*, y eso viene de África. Nací en Jamaica tras la abolición de la esclavitud, pero de hecho mi lugar está en África. Jamaica pertenece a los indios atawah, pero todos fueron asesinados por Cristóbal Colón y sus guerreros. Mi objetivo es aportar algo nuevo a la gente. Lo demás no me importa. Si lo consigo, es porque estoy luchando por la verdad. No me dejo intimidar. No moriré así. Las balas ya me hirieron gravemente una vez. Unos días antes de aquel atentado que estuvo a punto de costarme la vida, tuve un sueño premonitorio, pues me disparaban en una emboscada. Mi madre me sacaba una bala de la cabeza. Una voz me decía que no huyera y que plantara cara a los asaltantes. Luego, cuando me atacaron de verdad a los tres días, esta visión me vino a la mente de

inmediato. Sólo me acuerdo de que no era necesario que corriera.»

The Best of Reggae
Hors série n.º 7

La vida de Marley

Desde esta imagen en blanco y negro de un Bob delgado, con boina de lana, medio abatido por el cáncer, han transcurrido catorce años. Desde su desaparición, el *reggae* no se ha vuelto a recuperar, y seguramente Jamaica tampoco.

Nacido en 1945, en la parroquia de St Ann, en algún lugar al norte de la isla, el joven Robert Nesta, que no conoce a su padre —un inglés blanco y capitán por añadidura del ejército de Su Majestad— será educado por Cedella, su madre. Todo empieza verdaderamente cuando llega a Kingston, a los doce años. En Trench Town, precisamente, en la parte oeste de la ciudad que a pesar de ser un nuevo complejo inmobiliario seguía siendo el barrio de los marginados y sobre todo de los *rastas.* Muy pronto, el joven Marley se interesa por los incipientes *sound systems,* por el de Coxsone en particular, y escucha la radio que le permite sintonizar los programas estadounidenses donde se dan a conocer los grupos vocales negros como Moonglows, Drifters y sobre todo Impressions de Curtis Mayfield, a los que Bob siempre hará referencia.

Desde entonces, el chico al que todavía llaman Nesta, siempre estará vinculado y se codeará con los mejores. El primero de todos fue su vecino Joe Higgs, que organiza sesiones musicales en Third Street. Éste es el responsable —entre otros— de que el joven Marley desarrolle su preferencia por el canto sincopado.

El año de la independencia de Jamaica, 1962, coincide con la primera grabación de Bob, *Judge Not,* para Leslie Kong y su firma Beverley's. Es un fracaso como los dos *singles* que siguen. Pero esto tiene poca importancia, teniendo en cuenta que sólo tiene dieciséis años. Luego funda los Wailin' Wailer's con sus «colegas de siempre» de Trench Town, que más tarde serán los Wailers. Sus propias «Impresiones», en cierta manera.

Desde 1962, año del auténtico éxito *Simmer Down,* el trío empieza a grabar para Coxsone en el mítico Studio One. Hasta 1966 se sucederán varios *singles,* aunque sin ningún éxito relevante. Los Wailers se inspiran sobre todo en el *soul* de la Motown, pero el grupo no ha encontrado aún su propio sonido. En 1966 se produce la primera ruptura para Bob. Sigue a su madre a Estados Unidos, donde se quedará varios meses trabajando en una cadena de montaje de automóviles.

De regreso a Jamaica, Marley encontrará el país cambiado. Hailé Selassié ha pasado por allí, desatando el fervor *rasta.* Junto a Peter y Bunny, vuelve a las grabaciones para Coxsone y también para Leslie Kong. Es un momento de vacas flacas, pero el trío continúa perfeccionando su aprendizaje. Nunca se hablará bastante de estas horas de ensayos que habrá de convertirlos unos meses más tarde en uno de los grupos más temibles de la isla.

En este final de 1969, el productor al que nos referimos es un antiguo ingeniero de sonido de Coxsone, un tal Lee Perry. Un año antes, no contento con haber «parido» prácticamente el *reggae* con su *People Funny Boy* gracias a un nuevo ritmo ligeramente más lento en comparación con el anterior, el *rockstedy,* Scratch —su apodo— acaba de situarse en quinto lugar en las listas británicas con *Return Of Django,* uno de esos instrumentales de los que sólo él

tiene el secreto. Así pues, hasta 1972, los Wailers grabarán sus más bellos títulos con el apoyo de Perry. Este técnico loco ha encontrado un sonido para ellos. Un bajo «rebelde» que puntea «como una metralleta», al igual que las armonías mágicas del trío recuperadas en un eco lejano que destacan unos textos incisivos y divertidos. Con canciones como *Kaya, Lively Up Yourself, Duppy Conquerer, Small Axe*, Marley ha dicho casi todo. Seguro con este repertorio, sólo le resta ampliar su audiencia, no sin antes haber mostrado a Scratch su par de ases, la sección bajo-batería más temible de entonces: los hermanos Barrett.

La máquina funciona sola desde principios de 1972, cuando Bob propone sus últimos títulos a Island, de paso por Londres. Chris Blackwell, que ya ha oído hablar de él, lo anuncia como artista en solitario, mientras los otros dos, Peter y Bunny son relegados al rango de Wailers. Desde entonces todo va muy de prisa. *Catch A Fire* y *Burnin* —un año

más tarde— le bastan para ganarse una reputación en un medio puramente *rock*. Los textos y las guitarras incisivas que se turnan con el órgano omnipresente contribuyen a apreciar esta «nueva» música y a perfilar sus contornos. No obstante, este éxito repentino y las continuas giras contribuyen a darles alas. Bunny abandona el grupo y luego Peter, dejando a Bob una libertad total para imponer su música.

1974-1981. Durante los últimos siete años de su vida, la música de Bob no variará sustancialmente. Con sus álbumes, Marley redondea una fórmula que engloba, además de los inamovibles hermanos Barrett, dos guitarristas (Junior Marvin y Al Anderson), Tyrone Downie (que acaba de producir a Tonton David) a los teclados y, cómo no, a las I-Threes en los coros. Ésta es la formación que va a causar sensación en las salas del mundo entero con sus *roots rock reggae*. En cuanto a su fe en Jah y en Hailé Selassié, reencarnación del Cristo en la tierra, ésta seguirá creciendo con los años. Como miembro de las 12 Tribus de Israel, una organización *rastafari* relativamente abierta (ya que acepta en su seno a mestizos e incluso blancos), Bob asumirá un papel activo en la vida política de su país. Y si bien escapa a un atentado en 1976 y opta por el exilio, dos años más tarde consigue lo imposible al reunir en un concierto a los dos enemigos por excelencia: el primer ministro Michael Manley y al líder de la oposición Edward Seaga en el One Love Peace Concert.

El final de los años setenta coincide con el momento de su consagración. Bob Marley se ha convertido en un símbolo, más aún, en un profeta. Desde 1980, las giras son gigantescas, a veces salen fuera del espacio europeo o estadounidense, como ocurre por ejemplo cuando toca en Gabón y luego en Zimbabue. Los álbumes *Survival* y *Uprising* auguran un futuro mejor para los Wailers. El sonido es más vigoroso si cabe, y la inspiración parece no acabarse nunca. Sin embargo, no habrá más. El último tema de *Uprising* se llamaba *Redemption Song*, un título que no podía augurar nada bueno. Al poco tiempo sale a la luz el diagnóstico. El deportivo Marley, el *rasta* que seguía un estricto régimen Ital (y consumidor de 300 gramos de marihuana a la semana, como dirán algunos) tiene cáncer. Lo demás se limitaría a ser la crónica hospitalaria que iba reduciendo paulatinamente una ínfima esperanza a la nada.

Hasta el 11 de mayo de 1981. Al día siguiente de unas elecciones. Ocurrió hace catorce años...

Medhi Boukhelf
en *B Mag*, n.º 43, 1995

La muerte de Marley

En el momento de su muerte, Judy Mowatt se encontraba en su casa con una amiga, en Kingston. El cielo estaba claro, pero de repente un relámpago se coló por la ventana y «se paró un instante —dijo ella— en el marco de metal de una foto de Bob que había sobre la chimenea. Era una señal —añadió— de que uno de los grandes espíritus de la tierra se había ido, la señal de que se había elevado a las esferas celestes».

Jamaica se sumió en un estado de estupor. El parlamento incluso aplazó sus sesiones durante los diez días que se prolongaron los preparativos para los funerales nacionales. Fue la concentración más importante de esta índole en toda la historia de las islas caribeñas. Edward Seaga, el primer ministro recientemente elegido, rindió un homenaje elocuente al humilde cantante y tuvo la audacia de concluir con un ferviente *«Jah rastafari!»*. Un millón de personas, casi la mitad de la población del país, se había reunido en el trayecto del cortejo fúnebre que llevó su cuerpo hasta las verdes colinas de Nine Mile, donde fue enterrado en un sencillo sarcófago de cemento. Tenía treinta y seis años, la edad exacta que un día de febrero de 1969 él anunció a sus amigos Ibis y Dion que moriría.

Roger Steffens
Bob Marley Spirit Dancer

CELIA CRUZ, REINA DE LA MÚSICA CUBANA

En el universo latino, Celia Cruz se considera la gran sacerdotisa de la música cubana por su presencia en el escenario, su alegría de vivir, su espontaneidad, su voz excepcional y su don para la improvisación. Famosa en La Habana ya en los años cincuenta, Cruz se traslada a Estados Unidos en los años sesenta, donde ha grabado discos y ha dado conciertos con casi todos los músicos y cantantes de salsa.

La voz de Celia

Tito Puente grabó varios discos con Celia Cruz, como *Cuba, Puerto Rico Son... Celia Cruz y Tito Puente* y *Celia Cruz y Tito Puente en España*, considerados clásicos de la música latina.

El percusionista recuerda: «Cuando oí cantar a Celia por primera vez, su voz era tan potente que creía que era un hombre.»

Celia Cruz en Cali: cien años de «salsitud»

Celia vista por el escritor colombiano Umberto Valverde. «Cuando ella canta —afirma—, Europa tiembla, África se contorsiona, Nueva York gime, Puerto Rico vibra y las Antillas se enardecen.»

La diosa se levanta y entona la canción: «Oiga, llegó el frutero con frutas de mi país, casera cómpreme frutas que son ricas para usted... La piña blanca, la fruta bomba y el sabroso canisté. Mango, mango, mango mangüe...» La voz que brota del escenario, brota al mismo tiempo de nuestras propias entrañas. Escucha ese bongo. Escucha esa voz que es tuya y es nuestra. Es Celia Cruz. Celia no canta sólo con la boca; canta con las manos, con las piernas, creadoras de ritmos y portadoras de pasos, con sus pantorrillas vibrantes y alborozadas, con su peinado a lo Bo Derek, y su traje que parece moverse de forma autónoma. Cuando miramos sus ojos hipnotizadores, su risa generosa y su forma de cruzar las piernas, esta mujer bajita se convierte en un gigante que crece desmesuradamente,

■ *Celia Cruz con el pianista Papo Lucca y el cantante Justo Betancourt.*

como si quisiera elevarse. Cuando Celia canta *Bemba colorá*, salta, sus brazos parecen alas y la vemos subir al cielo. El público la imita como hechizado, saltando y gritando sin descanso. Y sucumbimos poseídos por ese torbellino de sonidos, voces y ritmos. Celia canta a todos mis amigos de Cuba en general y también a todos mis compañeros de América central. «Yo quisiera dedicaros el *guaguancó* [género de rumba que se baila y se canta al compás de los tambores] de mi querida Cuba y alumbrado en mi solar [manzana de edificios con un patio común, propios de los barrios populares de La Habana], que se fue de Cuba para Nueva York, mi *guaguancó* para Puerto Rico, mi *guaguancó* para Venezuela, para Brasil, para Perú, mi *guaguancó* ¡ah! para los chilenos, para Argentina, para los aztecas...»

Reina Rumba

Los comienzos de una estrella
Un programa de radio apartó a Celia de la literatura...

Celia Cruz, misteriosa y equilibrada, pertenece al signo de libra. Nació el 21 de octubre aunque nadie ha podido saber nunca de qué año. En su juventud, Celia, la segunda hija de una familia numerosa, cuidaba a su hermano y sus hermanas, a quienes distraía cantando. Cuenta Celia que cuando sus vecinos la oían, acudían hasta el umbral de la puerta para escucharla. «Yo estaba tan ocupada con los niños que no sabía por qué toda esa gente se agolpaba en mi puerta. A veces, eso me ponía furiosa porque no caía en la cuenta de que era mi voz lo que les atraía.»

Un primo mayor que ella inscribe a Celia en un concurso radiofónico conocido como *La hora del té*, de la cadena García Sierra. El objetivo de estas emisiones de radio era descubrir nuevos talentos y, una vez al mes, el programa consistía en un concurso para aficionados de una hora de duración dedicado a los niños. Celia, que entonces era sólo una adolescente, participó en el concurso. En aquella época, las canciones en boga eran las baladas románticas y los tangos de Libertad Lamarque. De acuerdo con esta moda, Celia escogió para el concurso un tango romántico llamado *Nostalgia*. Obtuvo el primer premio y fue la estrella invitada del programa...

Celia empezó a presentarse a todos los concursos radiofónicos de la ciudad, y allí donde iba siempre dejaba impresionados a los oyentes...

En aquellos años determinantes, Celia trabajó su voz y estudió teoría musical en el Conservatorio de La Habana. Pero, aun así, ella deseaba seguir su vocación que era enseñar literatura. Nacida en el seno de una familia modesta, invirtió el dinero que había ganado con su talento musical en completar su educación, y a fuerza de un trabajo constante, consiguió su diploma. Su envolvente voz era cada vez más conocida, así que sus profesores le preguntaron si quería cantar en las fiestas de la escuela. Un día, una profesora que Celia admiraba desde mucho tiempo atrás le aseguró que, si bien su deseo de enseñar era admirable, su verdadero talento era cantar. Y persuadió a su joven protegida diciéndole que ganaría más dinero en un día que ella en varios meses de trabajo. Celia se rindió a sus argumentos, de modo que a partir de entonces no se lo pensó más y siguió su camino.

Celia Cruz obtuvo su primer gran éxito cuando se presentó en el estudio de radio Cadena Suaritos, en el verano de 1950. La puertorriqueña Myrta Silva, cantante titular de la Sonora Matancera, la orquesta más famosa de Cuba, iba a regresar a su país natal. El grupo buscaba a alguien que sustituyera a Myrta, cuya voz había contribuido en gran medida a la reputación de la orquesta.

Celia recibió una llamada telefónica del director de Radio Progreso para que se presentara a una audición. El grupo supo apreciar el talento de Celia, e inmediatamente le ofrecieron un contrato. No obstante, numerosos fans criticaron que una desconocida cantara con esta famosa formación, pero ella no se dejó intimidar. «Los miembros de la orquesta me tomaron cariño —recuerda— y el director de la cadena me aseguró que no iba a cambiar de opinión, así que me quedé. Siempre he pensado que uno consigue aquello en lo que persevera.» ¡Y lo consiguió con creces!

El primer LP que Celia grabó con la Sonora Matancera apareció en enero de 1951. Y a partir de entonces se suceden las giras por el Caribe, México y Estados Unidos. Según la costumbre de la época, Celia viajaba siempre con una señora de compañía, en este caso su prima. «Celia ha sido siempre una dama —asegura Rogelio Martínez, director de la Sonora Matancera—. Cuando se viaja mucho con una orquesta, siempre te puede ocurrir algún incidente desagradable. Pero cada vez que alguien (por lo general un hombre) le faltaba al respeto a Celia, toda la orquesta se ponía de su parte para defender su honor.»

Latin New York
octubre 1982

«Celia es única, es la más grande»
El pianista de salsa y director de orquesta neoyorquino Larry Harlow cuenta sus impresiones sobre Celia al musicólogo venezolano César Miguel Rondón.

«Cuando grabé *Hommy*, nadie entendía nada... fue en 1972. Ismael (Miranda) ya no formaba parte de la orquesta y yo preparaba algo grande, *heavy*. Estaba poniendo la música a punto con Marty Sheller y grabábamos poco a poco...

»Nadie había hecho nada igual con la salsa, y la gente decía que era una locura. Había de todo, violines, una gran orquesta. Cheo interpretaba una canción; Justo, El Conde... y Adalberto, otra. No te puedes imaginar, nadie entendía qué pasaba. Ahí fue cuando pensé en invitar a Celia. Quería que ella grabara para mí el donaire de la mujer, de la *Gracia Divina*... Y estaba convencido de que sólo ella podía hacerlo. Pero se encontraba en México y en ese momento ella no tenía nada que ver con la salsa, de manera que le envié una casete con la música de su canción para que se la aprendiera y se la metiera más o menos en la cabeza. Así ganaríamos tiempo cuando viniera a Nueva York a grabar... Bien, pues lo que nos dejó impresionados y anonadados a los otros músicos y a mí fue que Celia no ensayó nada... Esa mujer es un genio, el genio más extraordinario que uno pueda imaginarse. Cuando le dije que ensayaríamos, me respondió que no, que intentaríamos grabarlo todo directamente... Y la versión del disco fue la primera y la única que grabamos. Celia no ensayó absolutamente nada, ella ejecutó la

»Nunca he visto a nadie como ella, sólo ella puede cantar una canción entera sin ensayarla, con las improvisaciones y todo lo demás. Era como si ya conociera mi orquesta como la palma de mi mano... Te lo aseguro, Celia es única, es la más grande...»

El libro de la salsa

El homenaje de Madison Square Garden a Celia

En los años setenta, Madison Square Garden fue uno de los reales sitios de la salsa neoyorquina.

«Fue la noche de Celia Cruz. Sin duda alguna. Celia se dio completamente, canción tras canción, bis tras bis. Cuando las luces del Garden se iluminaron al llegar al final, cuando ella ya no pudo dar nada más porque había sonado la hora de cierre y los aplausos del público la inundaron con un amor merecido, nos quedamos con el mejor recuerdo de la noche.

»Presa de la emoción, viendo toda la sala en pie y aparentemente sin habla, Celia Cruz se arrodilló, cruzó los brazos sobre su pecho e inclinó la cabeza en homenaje al público que tanto había contribuido al éxito de aquel acontecimiento. En el momento de hacer balance, una vez que el talento se debilita por el inevitable paso del tiempo, esta visión de Celia Cruz permanecerá para siempre grabada en mi memoria. Cuando ella podía haber salido al escenario en una carroza dorada, ella cayó de rodillas. En efecto, más allá de la gran artista que es, siempre se ha portado como un gran ser humano. Y ésa es una virtud que jamás podría comprar el dinero.»

Latin New York, noviembre 1982

canción desde principio a fin sin equivocarse ni una sola vez, y sin ensayar nada... Yo estaba estupefacto: la sesión estaba a punto de comenzar, Celia estaba perfecta y no hubo que cambiar nada.

VALLENATO Y TEX-MEX

En sus largas horas de soledad, los centinelas de las tropas de Valledupar, en la costa atlántica de Colombia, y los apostados en ambas orillas de Río Grande, en México y en Tejas, componían canciones. Hoy, éstas han dado lugar a la aparición de géneros musicales muy populares donde predomina el acordeón: vallenato *en Colombia y* Tex-Mex *(o música norteña) al norte de México y en las comunidades mexicanas del sur de Tejas.*

Los orígenes míticos del «vallenato»
El vallenato *aparece en la región del Valledupar, situada en la frontera de Colombia y Venezuela, hacia principios de siglo. Los cantos antiguamente improvisados y conocidos como* sones, *tenían por lo general un talante triste y nostálgico. Sin embargo, en el medio urbano se volvieron mucho más alegres. Tradicionalmente, el* vallenato *se acompaña con una caja (tambor), una* guacharaca *(rascador) y un acordeón. Según la leyenda, a comienzos de siglo, un acordeonista de Guajira llamado Francisco Moscote se encontró con un misterioso caballero que le invitó a medirse con él en una jota musical. El caballero sacó a su instrumento unos sonidos tan divinos que Moscote, desamparado, se puso a recitar el Credo al revés. Entonces, el caballero huyó al galope y un olor de azufre quedó flotando mucho tiempo en el lugar del incidente.*

Es verdad que este acontecimiento ha reafirmado la identidad de un pueblo que posee su patrimonio más preciado con la música *vallenata*. Por esta razón, Francisco Moscote dejó de ser un modesto vaquero para convertirse en un acordeonista prodigioso cuya existencia estuvo siempre envuelta en una aureola de fantasía y misterio. Su fama llegó incluso hasta el mundo de la literatura. Gabriel García Márquez lo describe en *Cien años de soledad* como «un anciano vagabundo de casi doscientos años que pasaba a menudo por Macondo tocando las canciones que había compuesto y relatando con todo lujo de detalles las nuevas aparecidas en los pueblos por los que había pasado».

Música tropical y salsa en Colombia
Bogotá, 1992

Las jotas de «vallenato»

Desde la famosa confrontación con el diablo, las jotas de cantores y de músicos (piquerías) *serán siempre una de las características del* vallenato. *Valga citar aquí* La carta escrita, *canción que el acordeonista Lorenzo Morales compone para su rival Emiliano Zuleta:*

He mandado decir a Emiliano Zuleta
que me espere durante el carnaval.
Le pediré
que toque conmigo unas notas,
y doy por seguro
que no le saldrán.
Si Emilianito conociera
mi forma de tocar,
no se atrevería más a salir por las calles
y menos aún a retarme.
Nadie se puede igualar conmigo,
nadie puede afrentarme.
Yo, Morales, tengo mi forma de tocar.
Para Emiliano Zuleta

Lizette Lemoine, notas del CD
Colombia - El vallenato

Alejo Durán

Varios acordeonistas de vallenato *se han hecho famosos en toda Colombia. Destacan entre otros Nafer Durán Díaz, Julián Rojas, Alfredo Gutiérrez, Pedro Galán y sobre todo Alejo Durán, conocido como el Rey negro del* vallenato.

En 1968 se organizó el primer Festival de la leyenda *vallenata* y Alejo Durán (Gilberto Alejandro Durán Díaz) fue coronado rey. Apodado *El Negro* Durán, nace en 1919 en El Paso, en la región de Magdalena, hijo del acordeonista Nafer Durán y de la cantante Juana Díaz.

Mientras se gana su vida como vaquero, aprende a tocar el acordeón imitando a los músicos con los que se encuentra en las fiestas campesinas, ya que atraviesa todo el norte del país interpretando canciones.

Unánimemente reconocido por su talento de cantante, su virtuosismo como acordeonista y su talento para la improvisación, muere en 1989 en Montería.

La música «Tex-Mex»

La canción mexicana en general, y en los años cuarenta y cincuenta el bolero mexicano, con cantantes como Agustín Lara, Jorge Negrete o Toña la Negra *ha brillado en toda América latina, amenazando incluso con desbancar al tango en Argentina.*

Aunque en el extranjero se conoce sobre todo la tradición de los mariachis (de la palabra francesa «mariage»), la música Tex-Mex *goza actualmente de una popularidad considerable en México, así como en otras comunidades chicanas (mexicanas) de Estados Unidos.*

En 1848, Estados Unidos se apropia de Tejas y otros territorios pertenecientes a México. Durante mucho tiempo, a ambos lados de la frontera delimitada por Río Grande se hace la misma música, aunque la del lado tejano (Tex-Mex), *se impone hoy sobre la música norteña de la frontera norte de México, que continuó siendo más marginal. Entre los artistas más cotizados cabe citar Los Alegres de Terán, el Conjunto Bernal, Los Pingüinos del Norte, el acordeonista Leonardo* Flaco *Jiménez y los cantantes Freddie Fender (en Estados Unidos) y Chayito Valdés y Ramón Ayala (en México). El* Tex-Mex *a menudo habla de los gringos, de los mexicanos de Tejas, alienados de sus*

*tradiciones, de las mujeres y los
prisioneros, como en la* Balada del
automóvil gris*:*

> En Matamoros usted me verá, ebrio,
> fumando buenos puros, bebiendo
> coñac, jerez y cerveza al son de
> la alegría. Estoy haciendo negocios
> en San Antonio, Laredo, Tejas y en
> el otro lado, en Belén.

> Soy la mano que aprieta,
> que ataca, que mata y que roba,
> y allí donde yo vaya,
> yo los enredo a todos:
> pertenezco a la banda
> del automóvil gris,
> me llamo Higinio de Anda
> y me he paseado por París.

En Matamoros usted me verá...

> Y allí en la penitenciaría,
> donde he estado doce años
> en compañía de otros hombres
> como Chato Barnabé,
> y en la celda once
> donde murió Frank el Negro,
> donde asesinaron a Udilio,
> muerto a traición.

En Matamoros usted me verá...

> Y ese don Pablo González,
> que nos salvó la vida,
> que está formando un grupo,
> disparó con su pistola;
> yo pertenezco a la banda
> de este automóvil gris,
> me llamo Higinio de Anda
> y me he paseado por París.

En Matamoros usted me verá...

Américo Paredes
A Texas-Mexican Cancionero

El papel de la mujer en la difusión de las canciones

Las mujeres han desempeñado un
papel importante en la transmisión
de las canciones, aunque ellas no
pudieran cantar «canciones de
hombres» como los corridos y se
presentaran en público muy pocas
veces. No obstante, las mujeres solían
cantar en casa, casi siempre sin
acompañamiento mientras realizaban
las tareas caseras, y también por la
noche, en las reuniones familiares,
donde todos los miembros de la familia
cantaban por turnos... Las mujeres
cantaban (también) en las bodas,
entonando a menudo cantos de
felicitación dirigidos a los recién
casados o cantos afectuosos destinados
a los padres de estos últimos, que
perdían a sus hijos para empezar una
nueva vida. Estos cantos de boda,
muchas veces canciones conocidas
y dotadas de una nueva función, se
llamaban *enlaces.* Pero las mujeres de
la frontera cantaban fundamentalmente
en su papel de madres... interpretaban
todo tipo de canciones para sus hijos,
desde danzas narradas a canciones de
amor románticas. La mayoría de
nosotros ha oído los primeros cantos
tradicionales de nuestra madre. Doña
Petra Longoria de Flores, que vivía en
Brownsville, era una de estas
excepciones. Le encantaba cantar
corridos, lo que era muy poco
frecuente en mujeres de su generación...
Conservo un intenso recuerdo suyo
a la edad de ochenta y dos años,
saliendo de su cocina y entrando de
sopetón en su comedor para cantarnos
Malhaya la cocina, con un pollo medio
desplumado en una mano y un puñado
de plumas en la otra.

Américo Paredes
A Texas-Mexican Cancionero

Las orquestas de Tex-Mex

Las orquestas de Tex-Mex, conocidas bajo el nombre de conjuntos, aparecen a principios del siglo XX. Están formadas por un *bajo sexto* (guitarra de doce cuerdas), *tololoche* (suerte de contrabajo, hoy sustituido por un bajo eléctrico), batería y un saxofón o un acordeón. Excluidas en los años sesenta por grupos más modernos, actualmente vuelven a gozar de un nuevo período de vitalidad.

Freddy Fender

El cantante Freddy Fender (Baldemar Huerta) es una de las figuras más representativas del Tex-Mex. Fender nació en 1936 en San Benito, Tejas, en la frontera con México. Sus padres campesinos, que no saben inglés, oyen la radio mexicana y Fender aprecia por primera vez los géneros musicales locales: rancheras [canciones aparecidas en los ranchos mexicanos a finales del siglo XIX], corridos y boleros, y posteriormente música *country*, *blues* y *rock*. Fender empieza a grabar, en inglés y en español para compañías de discos americanas. En 1960, detenido en Baton Rouge por posesión de marihuana, pasa dos años en prisión. A finales de los años sesenta, su carrera declina y se traslada a Luisiana, donde trabaja en el campo. Algunos años más tarde se hace famoso en Estados Unidos con éxitos como *Before the Next Teardrop Falls* y *Vaya con Dios*. También ha grabado temas típicamente mexicanos como *El roble viejo* y *Nuestro juramento*.

DISCOGRAFÍA

Las músicas sudamericanas en general
– *West Indies an Island Carnival*, Elektra Nonesuch.
– *África en América latina* (2 CD), Corasón.
– *Caribbean Beat*, Intuition Music.
– *Perú – Música negra*, A.S.P.I.C.
– *Bandolas au Venezuela*, Dorian Discovery.
– Totó *la Momposina: Carmelina*, Label Bleu.
– *Guadeloupe - Gwoka - Soirée lèwoz à Jabrun*, Ocora.

El tango
– Carlos Gardel: *El álbum de oro*, EMI/Odeon.
– *Argentine, terre du tango* (estuche de dos CD), EMI, Milán.
– Julio de Caro: *El inolvidable Julio de Caro y su Sexteto Típico (1926-1928)*, El bandoneón.
– Tangofón: *Gomina*, Celluloid.

La música brasileña
– Noel Rosa: *Inédito e desconecido*, Sony Music.
– *Samba Enredo*, Imp.
– *A incrível bateria do mestre Marçal*, Polygram.
– Antonio Carlos Jobim: *Personalidade*, Philips.
– João Gilberto: *João Gilberto*, Polygram.
– Badem Powell: *Rio das valsas*, JSL.
– Elis Regina: *No fino da bossa nova ao vivo*, Velas.
– Maria Bethânia: *Acervo especial*, BMG.
– Milton Nascimento: *Travessia*, Sigla.
– Tania Maria: *Piquant*, Sound Service.
– *Cantoria: chansons populaires du Nordeste*, Auvidis.
– Paulo Moura: *Confusão urbana, subrana e rural*, Braziloid.

La música cubana, la salsa, el merengue
– Septeto Nacional: *Sones cubanos*, Seeco.
– Sexteto Habanero: *Las raíces del son*, Tumbao.
– Trío Matamoros: *La China en la rumba*, Tumbao.
– Antonio María Romeu: *El mago de las teclas*, Tumbao.
– Antonio Machín: *Cancionero de oro*, vol. 2 (2 CD), Blue Moon.
– Arcaño y Sus Maravillas: *Danzón mambo*, Tumbao.
– Arsenio Rodríguez: *Dundunbanza*, Tumbao.
– Pérez Prado: *Cuban Mambo*, Orfeón/Sony.
– Benny Moré: *Voz y obra*, Milan Latino.
– Machito: *Machito and His Afro-Cubans 1941*, Palladium.
– Tito Puente: *Mambo of the Times*, Picante.
– Tito Rodríguez: *Boleros Whit Love*, Palladium.
– Dizzy Gillespie/Chano Pozo: *Pleyel Jazz Concert 1948*, BMG.
– Ismael Rivera: *Esto sí es lo mío*, Tico.
– Rafael Cortijo: *Baile con Cortijo y su combo* (con Ismael Rivera), Seeco.
– Eddie Palmieri: *Echando pa'lante*, Tico.
– Celia and Johnny: *Caché*, Vaya.
– Willy Colón: *Tiempo pa' matar*, Messidor.
– Rubén Blades: *Mucho mejor*, Sonodisc.
– Ray Barretto: *My Summertime*, EMI.
– Johnny Ventura: *Como el café*, Sony.
– Juan Luis Guerra 4.40: *Bachata rosa*, BMG.

El calipso, el «biguine», el «compas»
– Stellio: *Intégrale chronologique 1929-1931* (2 CD), Frémeaux and Associates.
– *Quand Paris biguinait - Orchestres créoles (1930-1940)*, MM.
– *Calypso Calaloo* (CD del libro homónimo - véase bibliografía).
– *Calypso Carnival (1936-1941)*, Rounder.
– Harry Belafonte: *Golden Records*, RCA/BMG.
– *Trinidad - Le carnaval des steel bands*, Playasound.
– Arrow: *Heavy Energy*, Mélodie.
– Dédé St-Prix: *Levé - Arrête ton délire*, Karac.
– La Compagnie Créole: *La fiesta*, Arcade.
– Kassav': *Majestic zouk*, CBS.
– Magnum Band: *San fwontie*, Déclic.
– Boukman Ekspeyrans: *Vodou Adjae*, Mango.
– *Haiti - Rap et ragga - Match la rèd*, Tap tap music.

El «reggae»
– Toots and the Maytals: *Funky Kingston*, Mango.
– Jimmy Cliff: *Jimmy Cliff Special*, Sony.
– Bob Marley and the Wailers: *Natty Dread*, Tuff Gong.
– Peter Tosh: *Wanted Dead and Alive*, Electrola.
– Bunny Wailer: *Protest*, Island.
– Burning Spear: *Jah Kingdom*, Mango.

Mariachis, «Tex-Mex» y «vallenato»
– *Mexican Music - Mariachis*, Para Música.
– Narciso Martínez: *Father of Texas, Mexican Conjunto*, Arhoolie.
– Los Pingüinos del Norte/Fred Zimmerle and Trio: *Tex Mex Conjuntos*, Arhoolie.
– *Conjunto*/Texas-American Border Music, Rounder.
– *Colombie-Le vallenato*, OCORA.

– *Lo mejor del vallenato* (estuche de 5 CD), Discos Fuentes.
– Alfredo Gutiérrez: *Vallenato King*, Erde Records.

Música andina
– Bolivia Manta: *Pak'cha*, Auvidis.
– Máximo Damián: *El violín de Ishua*, A.S.P.I.C.
– Uña Ramos: *Uña Ramos*, Le chant du monde.
– Inti-Illimani: *Andadas*, Xenophile.
– Florencio Coronado: *Harpe andine*, Playasound.

La canción comprometida y el «folk»
– Violeta Parra: *El folklore de Chile*, EMI.
– Atahualpa Yupanqui: *Don Ata*, Tropical Music.
– Soledad Bravo: *Chants du Venezuela*, Buda Records.
– Silvio Rodríguez: *Canciones urgentes*, Warner Brothers.
– Pablo Milanés: *Filin*, Egrem/Color.
– Daniel Viglietti: *Esdrújulo*, Aris.

BIBLIOGRAFÍA

Obras generales

Leymarie, Isabelle: *Du tango au reggae, musiques noires d'Amérique latine et des Caraïbes*, Flammarion, París, 1996.

—*Musiques caraïbes*, Actes Sud, París, 1996.

Moreno Fraginals, Manuel: *África en América latina*, Unesco/Siglo Veintiuno, México, 1977.

Sweeney, Philip: *The Virgin Directory of World Music*, Henry Holt and Company, Nueva York, 1991.

Obras especializadas

Andreu, Jean ; Francis Cerdan y Anne-Marie Duffau: *Le Tango, hommage à Carlos Gardel*, Actes du Colloque International, 13-14 nov. 1984, Université de Toulouse-le-Mirail, Eché éditeur.

Castro, Ruy: *A história e as histórias da bossa nova*, Editora Schwarts Ltda., São Paulo, 1991.

Clarke, Sebastian: *Jah Music*, Heinemann Educational Books Ltd., Londres, 1980.

Geijerstam, Claes: *Popular Music in Mexico*, University of New Mexico Press, Albuquerque, 1976.

Guilbault, Jocelyne: *Zouk: World Music in the West Indies*, The University of Chicago Press, Chicago, 1993.

Harcourt (d'), R. et M.: *La Musique des Incas et ses survivances*, Paul Geuthner, París, 1925.

Hill, Donald, R.: *Calypso Calaloo - Early Carnival Music in Trinidad*, University Press of Florida, Gainesville, 1993.

Jallier, Maurice et Lossen, *Musique aux Antilles, Mizik bô kay*, Editions caribéennes, París, 1985.

Jaramillo, Luis Felipe: *Música tropical y salsa en Colombia*, Discos Fuentes, Medellín, 1992.

Larkin, Colin: *The Guinness Who's Who of Reggae*, Guinness Publishing Ltd., Enfield, 1995.

Leymarie, Isabelle: *Cuban Fire, Musiques populaires d'expression cubaine*, Outre Mesure, París, 1996.

—*La Salsa et le Latin Jazz*, Collection «Que Sais-Je?» PUF, París, 1993.

Mc Gowan, Christ y Ricardo Pessanha: *The Billboard Book of Brazilian Music*, Guinness Publishing Ltd., Enfield, 1991.

Meunier, Jean-Pierre y Brigitte Léardée: *La Biguine de l'Oncle Ben's, Ernest Léardée raconte*, Editions caribéennes, París, 1989.

Mira Pons, Michèle: *Le Reggae*, Collection «Oui, Quand, Quoi», Hachette, París, 1995.

Monette, Pierre: *Le Guide du tango*, Triptyque, Montreal, 1991.

Pacini Hernández: *Bachata - A Social History of a Dominican Popular Music*, Temple University Press, Filadelfia, 1995

Paredes, Américo: *A Texas-Mexican Cancionero*, University of Illinois Press, Chicago, 1976.

Pelinski, Ramón: *Tango nomade*, Tryptique, Montreal, 1995.

Perrone, Charles A.: *Masters of Contemporary Brazilian Song*, MPB 1965-1985, University of Texas Press, Austin, 1989.

Ramos Tinhorao, José: *Pequeña historia da música popular*, Art Editora, Ltda., São Paulo, 1986.

Rondón, César Miguel: *El libro de la salsa*, Editorial Arte, Caracas, 1980.

Rosemain, Jacqueline: *La musique dans la société antillaise* 1635-1902, L'Harmattan, París, 1986.

Salas, Horacio: *Le tango*, Actes Sud, París, 1986.

White, Timothy: *Catch a Fire. - The Life of Bob Marley*, Holt, Rinehart and Winston, Nueva York, 1983.

ÍNDICE DE ILUSTRACIONES

ÍNDICE ALFABÉTICO

CRÉDITOS FOTOGRÁFICOS

Abreviaturas: a = arriba; b = abajo; c = centro; d = derecha; i = izquierda

Pierre Allard 98-99. J.-L. Charment, París 12, 15a. Dagli-Orti, París 13, 14i, 14-15. Bibl. nac. de Francia 16-17, 21a, 28b, 29b, 32, 36, 36-37. Col. Sirot, París 17a, 28-29a, 34. AKG, París 18i, 22, 23, 27d. DR 18-19, 20, 30 30b, 33, 38, 39, 40, 41, 43a, 47b, 51b, 57a, 58, 66, 67b, 74a, 84a, 84-85, 91a, 92a, 92b, 92d, 103, 110, 113. Library of Congress, Washington 19, 53, Adriana Groisman/Contact Press Images 21, 100, 101, 122. BFI, Londres 22, 23, 31, 97. The Hulton Getty, Londres 26, 27, 35, 42, 43b, 45a, 47b, 60, 102. National Archives, Washington 44, 52. Roger Viollet, París 45b, 46, 47a, 55i. Archive photos, París 48, 49, 50-51, 55d, 56, 59a, 60-61, 67c, 82b. Col. Cat's, París 54. Explorer/FPG, París 1, 59b. Explorer, París 65b, 69. Rapho/F. Ancellet 96. Rapho/G. Sioen, París 62. Rapho/J. Launois, París 63. Rapho/Olivier Martel 11. Rapho/Seraillier cubierta. Rapho/Marc Tulane 4/5. Rapho/Françoise Huguier 6-7. Stills, París 8-9, 64, 74b, 75, 76, 77a, 77b, 78, 80-81, 87, 89, 90. Stills/Onyx/Talamon 108. Stills/Retna/Corto 109. J. P. Leloir, París 68a, 68b, 78-79, 83. Magnum/Bruno Barbey 117. Magnum/Yann Berry, París 70-71, 72-73. Magnum/Rio Branco, París, 71d, 73d. Magnum/Eric Dussaud 95. Magnum/René Burri 2-3, 114. Magnum/Jean Gaumy 104. Magnum/Alex Webb 106. PPCM, París 82a. Kipa, París 86, 88. Mephisto, París 91b. Sygma/Tony Frank 93. Michel Plisson, París 94.

AGRADECIMIENTOS

El autor y la editorial Gallimard agradecen su valiosa colaboración a los Servicios culturales de la Embajada de Brasil en París, así como a Olivier Cachin, Marie-Anne Desquenes y Héctor Herrera.

Índice de materias